遗址保护
与城市建设协调研究

王丹 ○ 著

哈尔滨出版社
HARBIN PUBLISHING HOUSE

图书在版编目（CIP）数据

遗址保护与城市建设协调研究 / 王丹著. —— 哈尔滨：哈尔滨出版社，2023.1
ISBN 978-7-5484-6773-1

Ⅰ.①遗… Ⅱ.①王… Ⅲ.①文化遗址–文物保护–研究–中国②城市建设–协调发展–研究–中国 Ⅳ.①K878.04②F299.21

中国版本图书馆CIP数据核字(2022)第219682号

书　　名：遗址保护与城市建设协调研究

YIZHI BAOHU YU CHENGSHI JIANSHE XIETIAO YANJIU

作　　者：	王　丹　著
责任编辑：	赵海燕
封面设计：	文　亮

出版发行：哈尔滨出版社（Harbin Publishing House）
社　　址：哈尔滨市香坊区泰山路82-9号　　邮编：150090
经　　销：全国新华书店
印　　刷：北京宝莲鸿图科技有限公司
网　　址：www.hrbcbs.com
E - mail：hrbcbs@yeah.net
编辑版权热线：（0451）87900271　87900272

开　　本：787mm×1092mm　1/16　印张：9.25　字数：204千字
版　　次：2023年1月第1版
印　　次：2023年1月第1次印刷
书　　号：ISBN 978-7-5484-6773-1
定　　价：68.00元

凡购本社图书发现印装错误，请与本社印制部联系调换。
服务热线：（0451）87900279

前　言

　　城市规划是开展城市建设工作的重要依据，借助城市规划能综合分析城市空间布局，提高城市内部设施综合部署的合理性。建筑是城市中的重要组成部分，是城市规划的主要构成要素，所以建筑规划设计在城市规划建设方面具有极其重要的价值。

　　近年来，随着城市化进程的加快，诸多的城建工程与历史遗址的保护产生了矛盾。遗址作为具有历史意义的文物承载着一座城市乃至整个国家或世界文化文明的根源和发展历程，如何使城市建设与遗址保护保持和谐关系，让当代城市既展现出现代文明的普遍性，又保留民族历史文化风貌的独特性，是一个迫切的问题。

　　本书介绍了遗址保护的相关问题，详细地分析了城市的形成与规划、城市用地及其规划、城市总体布局、城市设计与控制性详细规划，最后重点探讨了遗址保护与城市建设规划，并对遗址保护与城市建设协调发展进行研究。

　　本书在撰写过程中，得到了多位专家和领导的无私帮助和支持，在此表示衷心感谢。本书借鉴和引用了书籍以及期刊等相关资料，也在此谨向本书所引用资料的作者表示诚挚的感谢。由于作者水平有限，难免有不足之处，恳请读者进行批评和指正。

目 录

第一章 遗址保护相关问题研究 ... 1
第一节 遗址保护与利用现状 ... 1
第二节 国外遗址保护与利用的启示 ... 5

第二章 城市的形成与规划 ... 8
第一节 城市的形成与发展规律 ... 8
第二节 城市化与城市发展方针 ... 20
第三节 城市规划学科的产生与发展 ... 23
第四节 城市规划学科的性质与体系 ... 32
第五节 城市规划学的内容结构与学习方法 ... 37

第三章 城市规划职能、体系与内容 ... 40
第一节 城市规划的职能与体系 ... 40
第二节 各层次规划编制的主要任务和内容 ... 42
第三节 城市规划行政与管理 ... 47

第四章 城市用地及其规划 ... 50
第一节 城市用地分类与评价 ... 50
第二节 城市用地规划 ... 54

第五章 城市总体布局 ... 76
第一节 城市总体布局的基本原则 ... 76
第二节 城市总体布局模式 ... 79
第三节 不同类型的城市总体布局 ... 82

第六章　城市设计与控制性详细规划

第一节　城市设计的范畴与要素 ... 87
第二节　城市公共空间及案例分析 ... 90
第三节　控制性详细规划的基础理论 ... 109
第四节　控制性详细规划的控制体系和控制要素 ... 111

第七章　遗址保护与城市建设规划

第一节　遗址保护与城市化发展如何和谐共生 ... 125
第二节　文化遗址保护与城市建设规划发展相得益彰 ... 130
第三节　城市建设与遗址保护和谐关系下的城市规划 ... 132
第四节　侯马市晋国遗址保护与城市建设协调发展 ... 134

参考文献 ... 139

第一章 遗址保护相关问题研究

第一节 遗址保护与利用现状

受到城市化发展的影响,遗址的保护与利用工作同社会经济发展形成了主要的矛盾,传统的遗址保护与利用工作的方法正在受到城镇化建设的侵害,为遗址的研究与保护工作增加了难度。所以要在遗址的合理保护与利用的基础上发展城市化建设,要积极地将遗址保护与社会、城镇建设、传统文化、人民生活等进行统筹规划,以此促进各项事业协调发展。

一、遗址相关概念阐述

遗址是从历史学、人类学、审美学等不同方面展现出的具有一定价值的人类工程、自然和人类联合工程或进行考古研究的地方。其中考古遗址是人类通过考古挖掘发现人类历史活动的遗迹,可以让人们对古代或历史上人类的活动和文化有所了解。这些遗址在考古研究中发挥了重要的作用。目前随着我国城市化建设的推动和发展,一些考古遗址受到不同程度的损坏,为我国的考古研究工作增加了难度。因此考古遗址的保护与利用问题已成为我国政府和文物保护单位面临的重要难题。

二、遗址保护与利用相关现状分析

首先是建立完善的遗址保护相关法律法规制度。考古遗址保护工作受到政府和有关部门的关注,在 20 世纪 90 年代国务院颁布了关于考古遗址保护的有关通知,要将遗址保护与当地的城乡建设和土地利用规划相结合,通过考虑群众的利益、积极进行产业结构调整、对考古遗址进行利用等方式加强保护力度,努力做到既要保护遗址又要让城市建设、群众生活水平得到提升,从而有效解决考古遗址被动保护的问题。虽然我国的遗址保护工作得到党和政府的重点关注,对有关遗址保护与利用做出重要的指导批示,但最终考古遗址的保护工作未能获得相关法律的保护。由于没有明确的法律保护,一些地方政府对遗址保护工作并没有给予足够的重视和具体的保护举措,只是对一些遗址做出保护规划,但具体的实施过程却不能得到有效落实。此外由于资金投入、具体实行保护的单位和机构职责范围不明确，容易对保护规划范围形成我行我素的局面，从而造成遗址保护和城市发展、经济环境建设之间的矛盾冲突，使遗址保护工作面临不利的局面。因此考古遗址的保护工作急需法律手段来增强对其保护力度，从而提高地方政府对保护工作的重视程度，以此促进遗址保护工作的有效落实。

其次利用技术手段增强对遗址的保护力度。在城市化发展的过程中，虽然遗址保护工作取得了一定的成效，但在实际工作中依然有一些技术层面的问题，主要包括对遗址的保护区规划、安全展示规划技术、安全防护技术等。对遗址的保护区规划可利用 GIS 技术和地理学，在较大规模的遗址中引入该技术，对遗址的环境和地理分布、保护范围做出规划。安全展示规划技术要结合多方面进行技术展示，如利用考古学对遗址的展示复原进行设计、以遗址对环境的要求进行展示设计规划、结合城乡规划对保护范围内的群众、景观规划等做出调控和安置。还要加强对安全防护技术的应用，如入侵警报、视频监控、巡更系统等。

目前，我国在遗址利用方面主要通过展示手段向人们传递遗址的历史信息。遗址的展示主要是直接和间接展示两种。直接展示是到遗址的现场参考，让人们通过直观感受来了解遗址的规模、材料等。间接展示的渠道比较多，如有关考古遗址的书籍、影视作品、现代化的信息技术手段（如 VR 全息影像）等。

三、遗址保护与利用模式

现阶段我国对于遗址的保护和利用的研究工作主要从保护、价值和作用等几个方面开展。如保护大窑文化遗址，利用其革命主义教育思想发挥其社会和教育价值；对三星堆遗址、丝绸之路沿线的遗址保护和利用可创造旅游价值等。而在国外对于遗址的保护和利用的研究也在不断的探索和发展中。欧洲作为近代考古学研究的发源地，早在一百多年前便对遗址的搜求、挖掘、保护、利用和美化城市进行了有效融合。

首先由专管机构进行保护。如采用博物馆代管、文物保护单位管理等方式。其次是利用政企合作，促进遗址保护工作的有效落实。如地方政府要综合考虑保护范围内的城市改造和遗址保护与利用两方面内容，以推进城镇化进程和遗址保护为目的，与相关的城市建设性民间企业签署遗址保护发展战略，通过对古代文物、建筑的保护，促进旧城（或乡镇）改造和城镇化发展，促进古城或古文物保护与城市化建设和谐发展。

遗址的保护与利用从整体和局部两方面着手。整体保护的方式有创建遗址公园、遗址和风景区或旅游区结合、创建遗址森林公园、遗址与现代农业或城市园区结合等。局部保护可创建遗址博物馆或部分遗址展示区等。对于一些还未得到充分保护和利用的遗址，我国可借鉴一些国外经验加强遗址的保护与利用工作。比如德国利用遗址建立了公园和博物馆；法国不仅对一些特殊的历史建筑进行修复，而且利用该保护区域改善了当地的居民生活环境；意大利将遗址的地理环境和地形地貌进行了有效利用，把遗址保护和利用与生态、文化建设融为一体。在日本和韩国通过结合遗址的周边环境和建设艺术，创建了独具特色的公园等。总之对于遗址保护和利用的科研项目是永恒的主题，我国在遗址保护和利用过程中要结合美学、建筑学、地理学等多方面知识开发遗址更多的价值。

四、遗址保护与发展利用重点问题

遗址保护和管理面临很多困难和矛盾。首先是遗址资源会受到自然环境不可抗力的破坏，如地震、风化、洪水、火灾等。其次是遗址本身的资源属性。由于经济的高速发展造成对遗址文化的破坏和影响。遗址的展示技术与手段受到一定程度的限制。如展示内容不全、展示方式简单、一些展品缺乏观赏性、展示的讲解制度不完善、一些遗址由于受到城市建设的破坏无法实现原址展示等。

遗址展示利用模式的主要问题：第一在开发中受到破坏。如一些旅游单位为发展旅游和提高经济效益对遗址进行过度开发，使得一些遗址虽然被修复却失去其原有的价值和意义。第二没有法律保护。我国对于遗址保护和利用工作虽然很重视，但没有规范的法律条款，使得遗址保护工作进展缓慢。第三遗址保护与利用在社会活动中缺少宣传力度和群众基础。

一是遗址保护与土地问题。由于遗址保护工作受诸多因素影响，如土地、水利、土地规划、城建等。相关的遗址保护单位或部门职责权限受限，加之没有受到当地政府的大力扶持，其保护工作无法全面开展。因此政府要加大对遗址保护与土地之间的协调力度，促进保护工作的有效开展。

二是和民生之间的问题。遗址保护中涉及很多民生问题，如拆迁、移民、安置等。在实际工作要依据民生要求将其与遗址保护建立共同的目标，要尊重当地群众对遗址的保护愿景，积极建立民生发展和遗址保护相结合的机制，从而促进二者的统筹规划和发展。

三是和财政制度与需求问题，在保护工作中由于受多方面因素影响，需要有足够的财政支持，而很多地方政府对于遗址保护没有设立专门的财政资金，导致保护工作不能有效落实，所以当地政府要加强对遗址保护与利用的财政支持。

五、遗址保护与利用的对策

第一在保护和利用工作开展之初，要树立该区域内地方文化传承和保护意识及思想，将文旅融合的发展思路和振兴乡村、传承传统文化进行有效融合，促使遗址的保护与利用能够顺应区域文化发展与建设，从而确保遗址保护与利用同新型城镇化发展实现相互融合和统一发展。

第二是加强对遗址的文化景观的整体保护。如在村庄或建筑遗址集中的地方，要结合建筑与当地的环境、生产生活、人文等内容进行合理、科学的保护和利用。

第三可借助遗址开发旅游资源，如景区休闲游，积极构建旅游产业链，使其辐射周边。

第四要注重管理监督和执法力度，在文旅融合的发展过程中，要对历史遗址进行科学的保护，合理开发与利用，防止过度开发与利用对遗址造成损害。

第五深入挖掘遗址保护与利用的历史价值和意义，推进遗址的文化传承，创建多种遗址主题形式，如遗址公园，革命遗址保护区等。如在对红色革命遗址（或文物）的保护和利用中，要充分考虑其教育和历史意义，对其进行有效保护和合理展示，让参观人接受革命精神主义教育等。

遗址博物馆在遗址保护与利用中发挥了重要的作用，同时也对社会、传统文化和城市化建设具有重要意义。因此通过博物馆的社会功能可促进遗址的保护与利用工作的顺利开展。

第一要发挥博物馆的教育作用。通过对遗址的展示，为人们传递遗址的历史信息和教育意义。

第二要发挥传承作用。通过博物馆的收集、保护、展示和宣传，能够将遗址做到有效的保护，并将其历史信息进行正确的传递，有利于促进这些历史信息的传承，激发人们对遗址的保护、对文物知识的学习欲望。

第三发挥观赏作用。遗址博物馆的旅游和旅游文化建设是满足现代化城市发展需求的产物，博物馆虽然不是旅游地，但是遗址博物馆事业的蓬勃发展却和旅游业有紧密的联系，它丰富的历史文化和资源本身就能够吸引人们的关注，因此博物馆要积极展现遗址的观赏价值。

第四发挥示范作用。遗址博物馆具有很强的艺术价值和建筑艺术价值，要对其进行充分复原或仿制，通过利用古代建筑的艺术形式应用到现代化的城市规划和建设中，从而实现对历史建筑文化的尊重和保护。

总之依托于遗址博物馆的社会功能，充分发挥博物馆的保护、利用和展示作用，在社会和公众活动中加强对遗址文化的宣传教育工作，不断增强遗址博物馆的社会服务能力，为遗址保护与利用提供有利的平台支撑。

结合当地地区供给侧改革，建设相应的遗址公园，以此加强对城市化绿地保护或旅游景区的规划与保护。遗址公园是集遗址的历史背景、开发及科研、教育和旅游休闲为一体的功能性公园，可增强遗址保护与利用的展示意义和作用。

对遗址公园的保护可从两个方面开展，第一是把遗址的范围进行规划进而借助政府的专项资金来对其进行保护与利用。第二是将遗址的历史资源依据保护要求和地方市场的供给侧改革进行结合，打造观光、休闲公园或景区，促进地区经营发展和保护工作的完美融合，彰显遗址文化的独特性。

对遗址公园建设要遵循以下原则，第一，突出文物保护这一核心要素，同时可在其保护范围内打造和开发有关的产业文化或环境建设等。第二，利用公园的历史背景和资源与现代元素相融合，增强历史文化体验感，通过多元化方式拓宽遗址文化的发展空间，使其与现代化技术、文化实现互动。

如历史文化中的音乐、礼仪、服饰、饮食与现代元素结合，大力发展地区旅游产业等。如利用现代化科技增强观光体验感等。

文物保护与利用工作的重点是挖掘其历史价值、讲述历史故事，从而对人们起到滋养心灵的作用。因此要在文物的"四梁八柱"作用下，切实将保护和利用工作落到实处，让文物能够活跃在人们生活和思想中。"四梁"是对保护工作提出的主要任务，即扩大遗址保护单位（或博物馆）的开放能力；促进文物的利用；利用现代技术促进文物价值传播；对不可移动文物逐步实现其经营性价值。"八柱"是对遗址保护与利用的具体措施，即以保护为基础，服务为目的，文化价值为导向，以科学的精神和社会公德为准则，展示文物利用的负面清单，从而制定与文物利用有关的制度或文件，创造良好的文物保护与利用环境，最终达到保护与利用的统筹和规范化。

文创产业是城市化发展中挖掘城市文化创新的一种具有特色化的文化项目。在遗址保护和利用中引入文创产业是对挖掘遗址历史价值的一种创新形式。

如在遗址公园建设中设立静态和动态结合的实践体验。静态体验是要创建功能性建筑、具有特殊历史意义的景观小品（或历史雕塑）、新奇的文物展览、图片展示等。而动态体验可借助建筑物、布景、设施或道具等增设实际参与和体验功能区，简单来讲就是实践拓展项目。

此外也可打造"遗址景区+非遗"的文创模式，即将遗址景区建设和地方非物质文化遗产进行有效融合，促进地区的遗址和历史非遗文化产业的发展。

第二节 国外遗址保护与利用的启示

目前我国在进行遗址的保护的管理上依然存在相对较多的不足，从而对遗址的保护工作受到一定程度的影响。根据实际情况来讲，国外进行遗址方面的保护工作起步相对较早，对于遗址保护管理工作方面的具体情况来讲欧洲以及美国在该方面的管理模式相对较为规范。部分国家通过借助企业进行对遗址的管理从而促进了遗址保护工作的发展。

中国历史悠久地大物博，因此在文物古迹方面的数量上相对较多。结合我国的具体情况来讲，我国的遗址规模大多数相对较大，同时由于经济方面的制约从而导致了我国在进行遗址保护工作时受到一定程度的影响。现阶段我国在进行遗址的保护方面往往处于一种被动的状态，未能采取有效的主动措施展开对遗址的保护。对于遗址来讲，文物部门侧重于对其进行保护，但是旅游部门以及地方政府则主要侧重于对其进行开发。对于遗址的保护还有利用来讲其存在一定的冲突，但是也存在一定的相互促进作用，其核心在于进行科学的利用。现阶段国外在遗址的保护与利用方面取得了一定的成效，本文主要是讨论国外在遗址保护与利用方面的经验，以此希望能够为我国该方面的工作提供帮助。

一、国外遗址保护管理模式探究

在遗址保护管理方面，大多数国外国家起步相对较早，并且在不断的发展发过程中已经取得了一定的成效。现阶段欧洲部分国家以及美国对于遗址的保护管理方式相对较为典型。

（一）欧洲区域对于遗址保护管理方式

欧洲区域对于遗址的保护主要是采取充分调动民间力量对其展开有效的保护，该方面法国以及意大利等国家取得了一定的成效。法国通过设立相关部门，地方设立相关机构对遗址的情况进行有效调查与监督管理。法国对于遗址在进行保护与利用方面取得了相对较为良好的效果，主要是由于国家对于遗址的管理方面相对较为重视。法国对遗址的保护以及管理主要是涉及到两个方面：首先是根据遗址的类型采取不同的应对管理措施；其次是针对遗址保护建立起了一套与实际相符合的服务网络，从而为负责该方面业务的相关人员提供了有效的帮助。

（二）美国区域对于遗址的保护措施

美国在遗址保护方面所设立的机构相对较为健全并且在不断的发展过程中已经形成了较为完善的管理制度。美国设立了国家公园管理机构并对全国范围内的国家公园以及各区域的历史文化遗址还有建筑进行有效的管理。各州政府对于区域内部的文化遗址保护设立了专业性较强的历史保护单位。除此之外，美国政府每年拨付了大量的资金作为对国家公园管理的活动经费，并且还通过税收政策对文化遗址进行有效保护的社会各方予以鼓励。

二、国外遗址的保护与利用

在进行文化遗址保护的过程中并不意味着不能够进行合理的利用。对于国外来讲其能够通过丰富的文化遗址吸引大量的国际游客。相对于我国来讲国外大多数国家在进行遗址的保护以及利用方面取得了相对较为良好的效果，并且在该方面均具有其国家的特色。

（一）关于遗址整体保护与利用的方法

遗址公园：对于部分发达国家在进行对遗址的保护过程中采用整体方式进行遗址公园的建设。例如德国明斯特的城墙由于历史原因整体上被破坏了，因此该市在不断的发展过程中在原来的位置上修建了环城带状花园，利用树木还有花卉进行植物造景，并且在其中配备了部分休闲娱乐的设施，通过此种方式对城墙的进行纪念同时还能够通利用该种方式重现古城墙的旧时风采。意大利的一些遗址一直是通过将考古遗址的维护与文化生态景观建设还有保护进行有效的结合,从而有效的提升了遗址的独特魅力。

遗址廊道:国外对于遗址的保护方面通常利用的是遗址区域与绿色廊道进行有效的结合,在大范围内通过遗址廊道的保护方式展开对遗址的整体保护。对于遗址廊道内部来讲其能够涵盖不同种类的遗址,能够把文化遗址的保护放到核心位置,并且在保护的过程中注重经济效益以及自然生态方面的科学平衡。对于遗址廊道来讲不仅能够展开进行线性有效的保护,同时能够采用生态保护措施以及旅游方面的开发促进遗址区域内部的生态得到有效的保护,并且该种方式能够为遗址增添许多色彩。

（二）关于遗址局部保护利用的措施

对于遗址局部保护与利用首先是进行遗址原貌的保护。外国一部分国家侧重于对文化遗址的原貌的有效保护,对于其遗址还有其附近的环境展开严格的保护,在尊重生态的条件下进行遗址的有效开发。其次是采取对遗址的局部多方式进行有效的展示。日本在进行遗址的保护展示中通常采用的是地上复原以及露天保护,这不仅能够对同一种类型的遗址采用差异性的展示方法,同时能够对其结构进行不同的展示。

三、对于中国遗址保护的启示

国外在对其区域内的遗址保护以及利用方面与其采取合理的保护措施以及结合其国家的具体特色是分不开的。国外在进行遗址的保护方面通常情况下采取鼓励私人或者民间组织进行有效的管理与经营。结合我国的具体情况来讲,我国的遗址数量相对较多,并且我国政府在进行保护的过程中资金方面存在一定的缺口,因此采用此种方式能够有效的促进我国遗址保护方面的工作效率得到大幅度的提升。同时应当注重对我国遗址保护机构的设立,通过专业性较强的保护机构能够强化对我国遗址的有效保护,此外还应当采取合适的保护利用模式对遗址进行管理以及开发。

对于遗址的保护以及利用属于较大的工程并且持续时间相对较长。国外在该方面取得了一定的成效,我国通过借鉴外国的有效经验有助于提高我国在遗址保护与利用的水平与成效。在此基础上要根据我国的具体情况进行遗址特色的开发从而使得我国遗址的魅力得到有效的提升。

第二章　城市的形成与规划

第一节　城市的形成与发展规律

一、城市的基本内涵

1. 城市的概念

世界的文明与发展无不与城市密切相关，而城市广泛存在于世界上所有的国家，在一个国家或地区的政治生活、经济生活、文化生活以及社会生活中都处于中心地位，并起着主导作用。

立足于不同的观察视角和研究目的，对于城市则有不同的理解和认识。地理学强调"城市是一种特殊的地理环境"。从经济地理学的角度看，城市的出现和发展是与劳动的地域（地理）分工的出现和演化分不开的。这一点就决定了城市的生产职能，即通过工业、交通、贸易为城市及其腹地提供产品和服务等。社会学侧重研究城市中人的构成、行为及关系，把城市看作生态的社区、文化的形式、社会系统、观念形态和一种集体消费的空间等。经济学关注为各种经济活动的开展提供场所的城市，认为所有城市的基本特征是人口和经济活动在空间的集中。用经济学的术语说，城市是坐落在有限空间地区的各种市场——住房、劳动力、土地运输等相互交织在一起的网状系统。城市经济学把各种活动因素在一定地域上的大规模集中称为城市。生态学把城市看作人工建造的聚居场所，是当地自然环境的一部分。城市生活所需要的一切都依赖于它周围的其他区域（它的腹地或其他城市），城市既对其所在环境起作用，又受其所处环境的影响。建筑学与城市规划学则将城市的空间环境的营造视为己任，认为城市是由建筑、街道和地下设施等组成的人工系统，是适宜生产生活的形体环境。行政管理工作者则将城市标准化为人口总数或人口密度达到一定数量以上的居民点。

以上各种解释从不同的侧面概括出了城市的内涵，但仅从某一方面、某一角度是不可能概括出城市这一包罗万象、错综复杂的现象和本质的。不仅如此，城市是一定时期政治、经济、社会及文化发展的产物，它总是随着历史的发展和特殊需要而变化。从城市规划的角度而言，城市是一个以人为主体，以空间有效利用为特征，以聚集经济效益为目的，通过规划建设而形成的集人口、经济、科学技术与文化于一体的空间地域系统。这一概念涵盖以下四个方面的含义：

（1）城市的人本性，城市是为人的福利提高人的能力建设而存在的。

（2）城市的聚集性，城市是最节约的空间资源配置形态。

（3）城市规划的必要性，城市规划是实现科学管理的有效方式。

（4）城市的多元性，城市是区域的社会、经济、文化中心。

2. 城市的规模标准

城市常常被划分为不同的种类与级别。基于人口的多寡和规模的大小，城市被分为不同级别，如大、中、小城市等；基于城市的功能不同，形成各种类型的城市，如首都或省会等行政中心、服务中心城市、卫星城市等；按照城市主导产业的不同，城市可以分为工业城市、商业城市、旅游城市、矿业城市等，它们无论在内容上、作用上、空间结构上、环境上都各具特殊性。为统计应用上的方便，各国常以一定聚集人口数量作为区分城市与乡村的标准，但具体标准又有所不同。

除人口数量外，有些国家还有其他条件。如印度，除了要求人口数量5000人以上之外，还要求人口密度在390人/平方公里以上，3/4以上成年男子从事非农业劳动，并具有城市特点。日本《地方自治法》规定，人口在5万人以上并且市区户数和工商业人口均占60%以上的地区可以设"普通市"；人口30万以上，面积100平方公里以上，在本地区具有核心城市机能（如人口在50万以下，则昼夜间人口比率须在100%以上），可以设"核心市"；人口20万人以上，有资格设"特例市"。

新中国成立以来，为符合国情发展实际，我国对城市规模划分标准进行过多次调整。1955年国家建委《关于当前城市建设工作的情况和几个问题的报告》首次提出大中小城市的划分标准，即"五十万人口以上为大城市，五十万人口以下、二十万人口以上为中等城市，二十万人口以下的为小城市"，此后直到1980年国家建委修订的《城市规划定额指标暂行规定》又对城市划定标准进行了调整，重点将城市人口100万人以上的命名为特大城市。1984年国务院颁布的《城市规划条例》又回归到1955年的标准，1989年颁布的《城市规划法》在明确1984年标准的基础上，指出城市规模按照市区和近郊区非农业人口计算。但2008年该法废止。取而代之《城乡规划法》并没有对城市规模加以界定。国家近期颁布的文件中，已经具有初步调整的迹象。如《国家新型城镇化规划（2014—2020年）》、国务院《关于进一步推进户籍制度改革的意见》中，均已使用现行标准。

国务院《关于调整城市规模划分标准的通知》由国务院于2014年10月29日以国发〔2014〕51号印发，对原有城市规模划分标准进行了调整，明确了新的城市规模划分标准以城区常住人口为统计口径，将城市划分为五类七档。城区常住人口50万以下的城市为小城市，其中20万以上50万以下的城市为Ⅰ型小城市，20万以下的城市为Ⅱ型小城市；城区常住人口50万以上100万以下的城市为中等城市；城区常住人口100万以上500万以下的城市为大城市，其中300万以上500万以下的城市为Ⅰ型大城市，100万以上300万以下的城市为Ⅱ型大城市；城区常住人口500万以上1000万以下的城市为特大城市；城区常住人口1000万以上的城市为超大城市。（以上包括本数，以下不包括本数）。

二、城市的形成与发展

（一）城市的起源及雏形

1. 城市的起源与第一次社会分工

城市的起源是第一次社会分工的结果。城市产生事实上可以追溯到人类的定居阶段，在距今12 000—10 000年前，农业逐渐从畜牧业中分离出来，人类完成了第一次社会分工。第一次社会分工使人类的居所逐渐趋于稳定，形成了最初的原始聚落。这些人类早期的原始聚落主要分布在尼罗河流域、两河（底格里斯河、幼发拉底河）流域、印度河流域、黄河流域、长江流域等农业文明发达的地区。农业同畜牧业的分离、原始固定居民点的诞生、生产品的剩余，就逐渐转变为交换经济的萌芽。在那些固定居民点中，就出现了原始手工业，又出现了市场。这种形式不仅日益固定下来，并且得到进一步的发展，原始的城市便出现了。它最早的胚胎只是一个聚集点，是农业革命的产物。这样，我们大致可以沿循"狩猎→采摘→园艺→畜牧→原始农业→聚落→手工业→商业→城市"这一条路径，寻找城市形成的轨迹。城市的最终形成还需要一定的外在条件与内在因素，可以从经济与社会这两个方面寻求答案。

2. 城市出现的经济因素

从经济因素来看，城市出现的直接因素是第二次社会分工（手工业与农业的分离）以及第三次社会分工（商业与手工业的分离）。到手工业的生产规模超过本聚落所需时，专职商品交换的人群才会出现。这种社会分工的出现、非农人口的增加并脱离土地向某些聚居点集中的根本原因就是农业生产力的提高。农业生产力的提高有力地促进了城市的发展，城市反过来为农业成果提供了军事上的保障和技术上的支持。大约在公元前4000—前3000年，原始聚落分化成为从事农业生产人口居住的农村和从事手工业、商业为主的城市，这些早期城市出现在四大文明的发祥地——埃及、美索不达米亚、印度和中国。我国最早的城市雏形大约形成于商代早期，河南偃师市二里头村的古商城遗址是迄今为止发现的我国最古老的城址，同时期或者稍晚的还有郑州商城以及安阳殷墟等，这些最早的商城主要体现为聚落的防御功能和手工生产交换功能。

3. 城市出现的社会因素

从社会因素来看，早期的人类对死者和神灵的崇拜是城市形成的重要因素之一。人们需要一个固定的交流情感和安慰精神的地方，这便促使他们修建墓地与圣地，这种建有陵墓、神庙或圣坛的地方，就可能或已经成为早期城市的胚芽。古埃及（公元前3200—前343年）的城市建设重点是金字塔等国王陵墓，因而古埃及就有为修建金字塔的工匠、奴隶提供生活居住设施的聚集地。另外，耶路撒冷、麦加、罗马等圣地都发展成为世界著名的城市。

产生城市的因素还有战争、法律等。战争是和人类的历史同样久远的社会现象之一。因为城市所聚集的财富必然成为掠夺的对象，人们为了保护自己，只有不断地加强防御与掠夺者对抗。精心构筑的要塞、城墙运河及其他防御设施，还有专业的军队等，都是从原始城市开始积累的结果。美索不达米亚（公元前4000—前538年）早期的城市（巴比伦等）即由厚重高大的城墙所围成，贸易、战争以及行政管辖职能较为突出。内有宗教的约束，外有战争的压迫，在这样的情况下，城市的法律和秩序也出现了，城市权力开始向社会化转变。在城墙的包围下，市民们有了一个共同的生活基础，一种共性，包括共同的宗教、共同的法律、共同的经济环境、共同的文化背景等。当内外部因素成熟的时候，城市的雏形就逐渐形成了。

4. 早期城市职能

最初的城市职能非常简单。首先，它是从事非农工作人员的聚居地，为从事手工业、行政管理、技术、教育、神职等人员提供了便于开展各自工作并方便生活的场所。其次，城市作为可提供较强防御能力的聚居地，使得农村地区的剩余财富向城市聚集，体现为城市的储藏功能。这种人类物质及精神财富的高度集中又使城市的整体安全至关重要，作为保卫劳动成果的手段，城市的派生职能——大防御职能便凸显了出来。城市作为地域中心和物质、文化的集中地更便于物资和信息的交流，因而城市交易职能出现并逐渐得以强化。我国古代的城市就是围绕着两种基本职能进行定位的，即"城是一种防御性构筑物，市是交易的场所"。随着社会经济的发展，城市的防御功能已经弱化甚至消失，居住、生产、游憩、交通、行政等功能有不同程度的体现，现代城市大多具有综合功能。

（二）城市的发展与演进

1. 中外城市产生的类型

城市的产生是人类与自然界相互作用的结果，是人类文明进步的标志，城市也是伴随着人类文明的演化而发展的。城市的发源地不同，产生的类型也不同。有东方型、地中海型、南美型、北欧型等。在历史上，东方的城市以行政中心、军事要塞、交通枢纽为特点，西方的城市则以民族移动、海外扩张、文艺复兴、工业革命等为基调。欧洲城市一般是自然发展而来的，缺乏统一规划，多选择险峻地形兴建，这点与东方城市截然不同。东方城市有严格的功能区域划分，一目了然，特别是中心区以皇城或官衙为主，辉煌壮丽，而且一般建在平原，规模较大，城高壕深，防卫森严。东方传统城市是政治性的，城市建筑设施主要为统治阶级服务，西方的城市则以市民性的为主，如教堂、市政厅、议会、市场、体育场等。

2. 国外的城市发展

现代西欧各国的城市，大多都是在中世纪末至近代初形成的。很多欧洲城市的历史不过三四百年。从18、19世纪开始，西方发达国家的城市受到工业革命的推动而加速发展，城市数量的增长异常迅猛。仅在1750—1850年这一百年中，西欧的城市就增加了数百座之多。这一时期发展最快的城市就是各国首都及地方性政权所在城市，如法国的巴黎，意大利的都灵、罗马，英国的伦敦、诺里奇，西班牙的马德里，葡萄牙的里斯本，德国的柏林等。当然，一些港口城市如法国的波尔多、比利时的安特卫普、荷兰的阿姆斯特丹、德国的汉堡等也有较快发展。

早期的工业城市一般不如政治中心或港口城市发达，而19世纪以后发展最快的当属新兴工业城市，如英国的曼彻斯特、伯明翰，美国的芝加哥、波士顿，法国的里昂，德国的莱比锡、鲁尔地区等。从19世纪后半叶起，发展速度最快的城市转向美国的纽约和芝加哥。1910年以后，纽约取代伦敦成为世界最大城市。到1925年，全世界城市人口平均比例为21%。其中，北美洲和大洋洲已有54%的人口居住在城市，欧洲（含苏联）为38.1%，拉丁美洲为25%，亚洲和非洲的城市人口比例不到10%。

从20世纪40年代起，以大伦敦区为首的发达国家出现了逆城市化现象，即人口从大城市向中小城市和农村地区迁移。这一趋势，在20世纪50年代表现为人口的郊区化，60年代表现为人口增长重点转到大都市圈以外，70年代以后则出现了人口向当天不能乘车往返于大城市的真正"农村地区"分散。西方国家的城市呈现离心扩散的趋势，大城市人口增长逐渐缓慢，高质量的城市环境和生活的现代化成为西方城市发展的特点。

现代西方国家城市发展特点日益多元化，生态城市、创意城市理念与传统大城市、城市群形态并存，各种城市规划理念在城市发展历程中得以体现。

3. 古代我国的城市发展

（1）秦以前我国的古代城市发展。我国是世界城市发源地之一，距今约5000年前开始出现早期城市。在这漫长的历史进程中，我国城市多次出现辉煌，并在不同历史阶段形成其自身的特点。从目前的资料来看，先秦时期大批城市的出现是各国统治者为建立政治中心、军事据点，运用强制性的手段来修城筑郭、聚集人口。周代以前的重要城市主要集中在黄河流域，如郑州商城、偃师商城、安阳殷墟在河南，垣曲商城在山西，西周丰、镐、成周等也都在黄河流域。春秋战国时期，奴隶制生产关系逐渐解体，大批封建城市兴起，城市规模扩大。战国时期的大小城市已达千余座，著名的有：临淄（齐国）、蓟城（燕国）、温（魏国）、建（楚国）、邯郸（赵国）、咸阳（秦国）、阳翟（郑国）、三川（周国）等。其中临淄人口达七万余户，城周长12公里。秦岭、淮河线以南也出现了较多城市。不少城市向以政治功能为主的集工商、宗教、教育、文化等功能的综合性城市发展。

（2）秦汉时期我国的封建城市发展。秦统一六国后，政治制度虽然发生了较大的变化，但城市仍继承了先秦城市的特性，秦始皇把全国分为三十六郡，郡下辖县，使县城数目陡增，主要分布在黄河中下游地区和江淮地区。城市成为中央、郡、县各级政权机构所在地，从而逐渐形成首都—郡治—县治的行政等级城市体系。汉朝城市发展方向与秦时大致相似，但范围更大，数量也更多。在河西走廊上也出现了一批新兴城市，如酒泉、张掖、敦煌等。汉代时形成了黄河流域和淮河流域为全国两个主要经济区，城市的商业职能进一步加强，出现了临淄、邯郸、成都、洛阳等一批人口规模较大的商业城市。

魏晋南北朝时期的北方战乱使得我国城市的空间发展格局发生变化，南方成为我国主要的城市发展地区，建康（今南京）成为晋政治军事、文化的中心。扬州、江陵、武昌、长沙等城市也成为区域性的贸易中心。

（3）隋唐时期我国的封建城市发展。隋唐时期，我国的经济重心已转移到南方，特别是长江中下游地区、四川盆地和东南沿海地区，成为当时令人瞩目的主要城市发展区。由于大运河的开凿和海上贸易的发展，城市的商业职能进一步凸显，出现了淮（安）、扬（州）、苏（州）、杭（州）四大"都市"，番禺（广州）成为当时最重要的港口城市。隋唐手工业城市有了更进一步的发展，唐代已经兴起一大批以金属的冶炼和铸造、纺织业、制瓷业著称的城市，如扬州、成都、定州、邢州、易州、青州、太原、蒲州、桂林等城市。

（4）宋元时期我国的封建城市发展。宋元时期，都城出现了由西向东、由南向北的转移，同时也逐渐形成了政治中心和经济重心南北分离的格局。北宋时期，我国地方行政区划也发生了重大变化，即由原来的路、府（州、军、监）、县三级制向行省制演变，城市体系更趋完善，发展成为首都—省会—府（州）—县的行政等级城市体系，城市之间保持着密切的行政隶属关系。南宋偏安一隅，临安（杭州）作为政治经济文化中心获得了空前发展，人口达到百万以上，是当时世界上人口最多的城市。南宋的广州、泉州，北宋的都城东京（今开封）、汴京等城市也获得了很大的发展。1279年元朝统一后，新建都城元大都，不仅是全国政治中心，也是著名的商业都市；南方城市继续保持了繁荣兴盛，杭州、扬州、镇江、苏州、集庆（今南京）、庆元（今宁波）、泉州、广州、真州（今仪征）、平江、武昌、太原、安西（今西安）等都是当时发达的商业城市，上海也从南宋时期的镇升级为县，成为新兴商埠。

（5）明清时期我国的封建城市发展。明清时期，城市数量有大幅度增加，明朝全国有大中型城镇100多个，小城镇2 000多个，农村集镇4000—6 000个。该时期，一些工商业城市还出现了资本主义萌芽，这在一定范围和一定程度上引起城市性质的变化。城市规模、城市类型等都与明朝以前有较大变化，出现了如下几类城市：一是以苏州、杭州为代表的手工业较集中的生产中心城市；二是以扬州、汉口为代表的商业集中城市；三是以京城北京和陪都南京为代表的行政中心城市；四是以广州为代表的对外贸易城市；五是以宁海、天津卫为代表的边塞海防城市。由于明清时代陆上、水上交通都很发达，形成了大中小城市和集镇联系起来的统一市场，以北京为中心，连接到边境城镇。

我国古代城市与欧洲城市相比，不仅数量多，而且规模大。从汉代到清代，县级以上的城市基本保持在1300个左右，10万人以上的城市也多达数十个，而都城之大，在世界古代城市史上无可比拟。

4. 近代我国的城市发展

从鸦片战争到中华人民共和国成立前，为传统城市向近代城市过渡，近代城市兴起、发展的时期，我国城市发生了巨大的变化。随着资本主义列强的侵略，我国兴起了一批近代城市，主要分布在沿海沿江地带。城市在区域上分布不均，20世纪上半期我国城市90%都是集中在东经102°以东的地区，且主要分布在五条线上，东南海岸线、京哈铁路线、京广铁路线、长江沿岸和陇海铁路线。位于两条交叉点上的城市，发展为全国性的或地区性的政治、经济、文化中心，如上海、天津、北京和广州；其他大城市也多分布于这五条线上，如南京、青岛、大连、长春、沈阳、西安、重庆、成都、郑州等。但是，经过抗日战争和解放战争，城市建设受到了破坏，城市规模和数量也呈下降趋势。到中华人民共和国成立前夕，我国5万人口以上的城市比1936年减少23个，长春的人口由1943年前后的80余万减至1949年的十几万。

5. 当代我国的城市发展

1949年我国的城市总共只有134个，其中人口100万以上的特大城市共5个，即北京、上海、天津、广州、沈阳，城市人口占全国总人口的10.2%。中华人民共和国成立后到改革开放前，城市处于缓慢发展状态，1978年底城市增加到193个。在改革开放的新形势下，我国城市化速度远较世界平均速度快。世界城市化水平年均增长率约0.36%，我国1979—2008年平均增长率为0.49%。到2012年底，我国有直辖市4个，地级市285个，县级市368个（其中400万人口以上的城市14个，200万—400万人口的城市31个，100万—200万人口的城市82个，50万—100万人口的城市108个，20万—50万人口的城市50个，20万人口以下的城市4个），建制镇有19881个（不包括台湾省和港澳地区）。20世纪中叶至今，由于亚洲经济的逐渐起飞，出现规模宏大的向心聚集现象，新兴城市的繁荣和经济技术的飞跃发展使得一些特大城市在东方突兀而出，我国出现了香港、台北、上海、北京等世界城市。为了促进城镇化进程和区域发展的战略，2011年《中华人民共和国国民经济和社会发展第十二个五年规划纲要》明确构建以陆桥通道，沿长江通道为两条横轴，以沿海、京哈京广、包昆通道为三条纵轴，以轴线上若干城市群为依托，其他城市化地区和城市为重要组成部分的城市化战略格局，促进经济增长和城市市场空间由东向西、由南向北拓展，有利于区域经济平衡发展。

（三）当代国际城市格局

1. 发展中国家城市发展迅速

在最近几十年，发展中国家城市的迅猛发展，明显地改变了世界城市的地理分布格局。

以 50 万人口以上的大城市为例：1960—1980 年，发达国家的这类城市由 135 个增加到 211 个，增加了 56%，而发展中国家则从 113 个增加到 279 个，增加了 1.47 倍。这 20 年间，世界 25 个最大城市中，发达国家与发展中国家之比由 13∶12 降为 10∶15。1960 年世界排名前五位城市依次是纽约、伦敦、东京——横滨、莱茵——鲁尔和上海，而到 1990 年，已变成墨西哥城、东京——横滨、圣保罗、纽约和上海；到了 2007 年，已变成东京、墨西哥城、纽约、圣保罗、孟买。由于发达国家人口城市化已接近饱和（1985 年平均达 95%），而发展中国家人口城市化正方兴未艾，预计在未来一段时间里，世界城市的分布格局还将发生更大的变化。1999 年，全世界人口超过 100 万的大城市已达到 325 个，超过 1000 万人的超大城市有 20 个。

2. 世界城市的三个层次

随着国际经济一体化发展步伐的加快，国际大都市或者国家中心城市在世界经济中的地位和作用愈来愈重要。处于国际城市格局顶层的世界城市逐渐成为国际贸易、金融、科技、信息和文化的中心。目前世界城市有三个层次。

（1）核心层——全球性城市。全球性城市（Global City 或 World City）是指在世界城市格局中处于最高层次、能发挥全球性经济、政治和文化影响的国际一流城市。目前公认的全球性城市有纽约、东京和伦敦，产业集约化程度和国际化水平都远远超出次一级的城市，集中了远远超出常规比例的世界上最重要的经济机构，发挥着全球性的战略作用与影响。例如，纽约是全美排名前 500 家大公司中的 1/3 的总部、7 家大银行中的 6 家总部、5 家最大保险公司中的 3 家总部、最大 10 家连锁店的所有总部的所在地。这些大公司、大银行的分支机构以及全球的重要城市，对国际资本流动和全球经济活动起着举足轻重的控制作用。

（2）次核心层——区域性国际城市。区域性国际城市（Regional International City）是指经济实力雄厚，功能相对齐全，在世界上几个主要地区和国家的经济、政治、文化及社会生活中发挥主导作用的城市。处于这一层次的城市往往被看作地区性国际城市或次全球性城市。它们既是国际资本和商品集散中心，国际经济、政治、文化、信息中心，同时也是国内经济与国际经济的结合点。如巴黎、柏林、罗马、悉尼、大阪、洛杉矶、香港等大约 20 个城市。

（3）第三层——国家或地区中心城市。国家或地区中心城市（National or Regional Central City）是一些迅速发展起来的国家和地区的首要城市，经济规模和人口增长都很迅速，一般兼为各国主要海港或航空港口，多数为各国家的首都或政治、经济、文化中心，是联系外部世界的窗口，也是带动国内各类城市融入世界城市格局的前卫力量。在亚洲、拉丁美洲，这样的巨型城市正在兴起，当前我国的北京和上海就属于此列。

这三个层次构成了世界城市格局最主要的层次，也构成了世界城市格局核心的内层。进入第一与第二层次的城市通常被人们称为国际城市，处于世界城市发展的领先水平。它们的影响力不断延伸，一直到边远的小城镇，由此构成了一个由世界主要城市支配的世界城市系统。

虽然发展中国家的城市规模、城市数量都有较快发展，但城市在国际经济发展中的地位还相对较低，尤其是缺少处于国际城市格局顶层的世界城市。我国目前除香港外，内地尚无其他城市进入前两个层次，北京、上海等大城市正在努力靠向第二层次，把建成国际大都市作为城市发展的目标。我国在未来的发展中，中心城市的人口聚集和产业集约化、国际化水平提高将会同步推进，但推进的方式一般不再是只集中于某个城市，而是转向在城市密集的地区发展城市群或城市带。我国和其他发展中国家提升城市功能级别的努力，将使超大中心城市乃至世界级城市的发展成为21世纪的一个重要趋势。

三、城市发展的规律

城市是物质财富和精神财富集聚之地，是历史发展的产物，它的发展具有很大的不确定性，但它又具有自身的客观规律。

（一）城市现代化的发展规律

现代化既是一个经济范畴，更是一个社会、文化范畴，它包括经济、政治、社会、文化等多个方面。现代化既反映经济的发展，又反映政治的民主科技的进步、知识的创新、文化的繁荣，体现社会经济运行效率和人们生活质量的不断提高以及人们思想观念和思维方式的不断更新。城市现代化的基本内涵可以概括为：经济上的工业化与市场化；政治上的民主化与法制化；城市发展的国际化与都市化；科技与知识的创新及社会信息化；社会生活的公平及生活质量的优化；经济社会发展可持续化与协调化。城市现代化表现为以下几个方面：

1. 人口大量城市化

人口大量城市化是城市现代化的重要标志。乡村在生产生活方面缺乏效率与质量，而日渐成熟与完善的城市则能满足人口在生产、生活以及心理等方面的需求，因而定居城市成为很多人追求的目标，区域人口大量城市化。

2. 产业不断高级化

产业结构变动有其自身的规律，一般而言，产业结构的变动遵循"第一产业的比重快速下降，第二产业的比重大体保持不变或略有上升，第三产业的比重则大幅度上升"这一变动规律。城市经济的发展也遵循这一规律，城市现代化的进程就是高新技术不断产生、现代技术对传统工业加以改造、现代服务业与新型服务业不断涌现、传统服务业逐渐减少的过程。

3. 社会结构逐步优化

城市社会结构是与城市发展水平相联系的。随着城市发展水平的提高，城市社会结构也趋于优化。一个现代化城市的社会结构应该是：社会组织（包括正式组织与非正式组织）完善而高效、城市阶层结构合理、高度民主。城市现代化就是不断改善城市社会结构，使其趋于完善合理的过程。

4. 市民素质不断提高

市民素质好比是城市发展的软件，高素质、有理想的市民是城市不断发展的动力，是创造巨大社会财富的保证。在城市现代化发展进程中，市民素质的提高既包括精神层面上市民意识的提高，也包括能力层面上知识水平的提高，还包括行动层面上生活方式的日益文明化。从国内外城市发展的历程都可以发现，城市居民在教育水平、公德意识、生活方式等方面都比过去有较大的提高，而且层级越高的城市市民的社会公德意识往往越强。许多发展中国家的城市基础设施得到充实，高楼大厦、交通通信都接近发达国家的城市水平，但市民素质的提高很少，对城市文明、现代化的进程产生了影响。

（二）城市发展的空间变化规律

城市经济基础理论和城市进化理论都认为，城市的发展过程是相似的，遵循着客观的规律性，但这并不是说城市是均衡发展的，事实上，城市在空间与时间范围内是非均衡发展的。这种非均衡发展规律表现为城市在不同阶段所表现出来的空间集聚、空间扩散以及两者的结合。

1. 城市空间集聚

集聚是城市空间存在的基本特征与形式，表现为向心聚合的倾向和人口增加的趋势。城市具有强大的集散、运输、商贸、服务、信息等综合功能，能够为经济活动提供金融、信息、技术服务，拥有完善的基础设施，形成了一定规模的劳动力和庞大的市场消费群体，从而使得各类经济活动在城市的集聚中能够产生更高的效率。城市空间集聚不仅可以使城市成为一个区域经济活动的中心，而且可以使已成为经济活动中心的城市带动整个区域的发展，实现程度更大的集聚。城市空间集聚表现为人口、产业向中心城市的集中与中心城市的膨胀。

促使城市空间集聚的几个动力因素有人口增长、农业生产率提高、工厂化生产和低成本交通以及高层建筑技术等。在城市空间集聚的过程中，人口与产业的集中使得城市基础服务设施得以兴建和改善，有助于商业、金融、贸易等第三产业的兴起，促进了科学、文化、娱乐、教育等设施的兴建，使城市成为科技发明的摇篮……这些反过来又促进了城市的进一步发展。19世纪欧美国家，城市变得越来越普遍，工业向城市尤其是城市中心地区的集中越来越迅速，城市人口也越来越稠密。

然而，城市空间集聚在产生规模效应和经济效益，推动社会发展的过程中，会出现工业生产和人口的过度集聚，势必会带来消极影响，产生集聚的不经济。例如，城市的工业企业和人口密度越大，环境污染就越严重，交通就越拥挤，职工上下班时间就越长，费用越高，土地和住房的价格就越贵，贫富差别和不安全等社会问题就越严重。所有这些，使得集聚的效益随城市规模的扩大而递减，使得生产企业和人口逐渐向边缘地区转移，出现了扩散的过程。

2. 城市空间扩散

城市成长与发展的过程，是人类生产和生活活动聚集的过程，但同时又是一个扩散的过程。扩散表现为一种离心的运动趋势，是城市空间向外扩张、蔓延和创新行为在地域空间的传播过程，是与空间集聚相反的一种经济活动的空间运动方式。城市的枢纽功能和主导作用是通过其扩散机制完成的，即空间扩散是城市实现其功能的基本方式之一。城市正是通过这种扩散机制与区域资源共享、优势互补，实现与区域的一体化发展的。城市的等级规模越大，扩散的作用就越强，扩散的范围就越广。

扩散是物质和文化在空间的转移，通过多种渠道和多种方式进行。就其内容而言，主要有工业科学和技术、资本、信息、商品、服务、文化和思想。就形式而言，在世界范围内，是城市化水平高的发达国家向城市化水平低的发展中国家扩散，而在一个国家范围内，则是城市化水平高的地区向城市化水平低的地区，也就是大城市向周围边缘的地区扩散。

扩散的另一个现象是，随着工业化阶段的变换，一些老工业城市由于市场需求发生变化而进行产业调整，由此出现工业生产下降，就业机会减少，城市活力减弱，人口外迁。在20世纪的70年代和80年代，那些以制造业为主要经济部门的城市和地区，如美国的匹兹堡、英国的利物浦、法国的里昂等，都出现了因工业老化而导致的城市化扩散。

3. 集聚与扩散的统一

城市是集聚与扩散发展的统一。集聚和扩散不仅仅相对于空间而言，也包括城市体系中人口如何分布在不同的城市。集聚与扩散是经济和人口在其分布动态过程中所呈现的非常复杂的对立统一的过程。集聚与扩散往往交叉同步进行，集聚过程中有扩散，扩散过程中有集聚，其主要倾向因地因时而异，并随条件变化而相应变化，而且在集聚或扩散过程中的要素组成及其所引起的城市实体也呈现出多样化现象。

集聚与扩散的内在经济机理可表述如下：在地域空间经济活动中，经济增长并不是均匀扩散的。市场经济的作用力一般是趋向于强化城市间的不平衡性，一旦某一区域由于初始的优势而比其他区域优先发展，这个区域将形成累积优势，并通过"集聚效应"不断吸引外围或不发达地区的各种资源（如资金、劳动力等）向中心地区流动。当中心区域的经济发展到较高水平时，就会产生"扩散效应"，促使资金、技术等资源向外围流动，推动外围地区经济的发展。

在集聚与扩散机制的双重作用下，城乡空间格局发生着演化和交替。随着城市要素资源的不断集聚和扩散，城市化水平在不断提高，城市之间的空间关系也在不断变化。典型的区域空间格局由中心—外围型的"城乡"关系格局发展为以中心城市为增长极、周边城市为卫星城市的都市圈、城市群，如我国当前的长江三角洲、珠江三角洲城市空间格局。

（三）城市集群的发展规律

随着经济全球化进程的加快，城市之间的经济网络日渐密集，在城市发展水平高的国家和地区，各种城镇群体空间集群现象普遍形成。大都市区（都市圈）是城镇群体空间集群的最初形式，当核心城市的辐射区域进一步扩大、周围区域的城市化水平进一步提高、区域内城市间的往来进一步增强时就形成了城市群，城市群的范围进一步扩大就形成了都市连绵区。

大都市区（都市圈）的提法源自美国和日本，日本政府1960年对大都市圈的界定标准是"中心城市为中央指定市，或人口规模在100万人以上，并且邻近有50万人以上的城市，外围地区到中心城市的通勤人口不低于本身人口的15%，大都市圈之间的货物运输量不得超过总运输量的25%"。2000年，美国最新大都市区界定指标体系CBSA（Core Based Statistic Area）规定：中央核必须是人口不少于5万的城市化地区或者人口不少于1万的城市簇，中心县至少50%的人口居住在规模不小于1万的城市地区，外围县居民在中心县的就业比重达25%等。除了日本和美国，加拿大、法国等西方发达国家都对大都市区（都市圈）有不同的界定标准，但都认为大都市区（都市圈）是一个以城市化地区占绝对优势并在某种程度上具有城乡结合特点的相对独立的地理单位。

城市群是一个相对更大范围的城市集合体的概念。由几个大城市和众多中小城市组成，形成具有一定功能的地域综合体。城市群的发展水平代表着一国现代化的发展水平。当代全球性国际城市无不以周边地缘城市群为区域发展的空间和广阔腹地，在自身发展的同时，带动了周边相当数量的城市共同完成了现代化和国际化的历程，最终形成了区域内各城市间功能分工明确、经济全面合作、互为依托、网络化发展的共同参与世界区域经济竞争的城市集合体。

世界上都市圈和城市群最早多位于经济发展速度较快、城市化水平较高的美国、日本和西欧。美国的三大城市群都分布在制造业发达的地区，包括波士顿——华盛顿都市连绵区、芝加哥——匹兹堡城市群和圣迭戈——旧金山城市群。波士顿——华盛顿都市连绵区是分布于美国东北部大西洋沿岸平原，北起波士顿，南至华盛顿，以波士顿、纽约、费城、巴尔的摩、华盛顿等一系列大城市为中心地带，以40多个中小城市为次中心的超大型城市群，面积约13.8万平方公里（占国土面积的近1.5%），人口约4500万人（占全国人口的20%左右），城市水平达90%，是美国经济核心地带。城市群内各城市都有自己的特殊功能，都有占优势的产业部门，城市之间形成紧密的分工协作关系。日本城市群又称为"东海道太平洋沿岸城市群"，由东京、名古屋、大阪三大都市圈组成，大中小城市总数达310个，面积约10万平方公里（占国土面积的近31.7%），占全国人口的63.3%，集中了日本工业企业和工业就业人数的2/3，工业产值的3/4，这一城市群被作为世界都市连绵区的典型。在西欧，还有英国的伦敦——伯明翰——曼彻斯特城市群、法国的巴黎——里昂——勒阿弗尔城市群，德国的莱茵——鲁尔城市群等。

我国在城市化快速推进的过程中,城市的空间分布不断密集,大城市周边的卫星城镇不断壮大,相继出现了具有一定规模的都市圈。如首都都市圈、上海都市圈、南京都市圈、苏锡常都市圈、武汉都市圈等。随着大城市辐射带动作用及综合功能的不断增强,城市间开放度加大,市场纽带作用加强,区域一体化态势的形成,从20世纪90年代以来我国正在崛起一批初具规模的城市群。以上海为中心、南京和杭州为次中心的长江三角洲城市群,横跨江、浙、沪两省一市,共有各类城市55个;以广州和深圳为中心的珠江三角洲城市群,共有各类城市24个;以北京和天津为中心的环渤海城市群,共有各类城市52个。这三大城市群不论从人口和产业的集聚程度,还是从中心城市规模和总体城市数量而言,都已具备大都市连绵区的基本特征。此外,我国还出现了一大批正在形成的城市群雏形,已露端倪的有山东半岛城市群、辽中南城市群、中原城市群、长江中游城市群、海峡西岸城市群、川渝城市群和关中城市群。除上述十大城市群之外,以长珠潭为中心的湖南中部、以合肥为中心的江淮地区、以长春和吉林为中心的吉林中部、以哈尔滨为中心的黑龙江东南部、以南宁为中心的北部湾地区、以乌鲁木齐为中心的天山北坡地区等都有可能发展成为我国新的规模较大的城市群。处于城市群中或者边缘的城市在做城市发展战略与规划时,必须考虑其所在城市群中的定位以及城市群的发展趋势。

第二节　城市化与城市发展方针

一、城市化与城市化发展的一般规律

1. 城市化的内涵

城市化,也有学者称之为城镇化、都市化。不同的学科从不同的角度对之有不同的解释,国内外学者对城市化的概念分别从人口学、地理学、社会学、经济学等角度予以阐述。

从人口学角度来看,城市化被定义为农村人口转化为城镇人口的过程。具体是指"人口向城市地区集中或农业人口变为非农业人口的过程"。从社会学角度来看,城市化就是农村生活方式转化为城市生活方式的过程。城市化的根本目的是提高人民的生活水平,改善人们的生活质量,提高人类社会的整体发展水平。从经济学角度来看,是农村经济转化为城市化大生产的过程,城市化是工业化的必然结果。

可以发现,城市化有着丰富的内涵,不同学科对城市化的界定虽有所侧重,但是关于城市化本质的理解基本能够达成一致。简单来说,城市化就是人口从农村地区向城市地区集中的过程。与之相伴随,城市数量不断增加,城市规模不断扩大,城市人口不断增长,农业人口逐渐变为非农业人口,城市基础设施和公共服务设施不断提高,人们的生产方式、生活方式以及价值观念发生转变，生产力水平不断提高，等等。

2. 世界城市化水平比较

衡量城市化水平的指标很多，如城市人口比重、城乡人口比重、城市化规模、人口集中程度等。其中，城市人口比重是许多国家、多种学科学者所共同采用的指标。根据联合国资料显示，1900年，世界城市化水平为14%，1959年为28%，1988年为41%，2000年达到50%，预测到2030年将达到60%。另一份资料分析，发达国家的城市化水平，1970年为68%，1995年为75%，2025年将达到84%；发展中国家的城市化水平，1970年为25%，1995年为37%，2025年将达到57%。世界城市化水平在不断提高，按照联合国的统计和预测数据，截至2011年，全球总人口69.74亿，生活在城市的人口36.32亿，城市化率过半，达到了52.1%。2050年，全球总人口将增长到93.06亿，城市人口增长到62.52亿，城市化率将达到67.2%。从2011年到2050年，全球将新增人口23.32亿，城市人口增长26.2亿。2020年前后全球农村地区人口数量及其占总人口的比例都将开始绝对降低，相反城市人口比重则增大。可以说，人类经济社会活动的空间分布结构已经进入以城市为主的新阶段。

3. 城市化发展的一般规律与我国的城市化发展

美国地理学家诺瑟姆（1975年）通过对各个国家城市人口占总人口比重的变化研究发现，城市化进程具有阶段性规律，城市化水平变动呈一条被拉伸的S形曲线。

第一阶段为城市化的初期阶段，城市化水平低，城市人口增长缓慢。当城市人口超过10%以后，城市化进程逐渐加快；当城市化水平超过30%时，进入第二阶段，城市化进程呈现加速态势，城市化水平快速提高；城市化水平在达到65%—70%之后，城市化速度趋于缓慢，此时进入第三阶段，即城市化进程趋于平缓的成熟阶段。

改革开放以来，我国的城市化水平显著提高。1978年底，我国全国人口为96 259万人，其中城镇人口17245万人，占总人口的17.92%，城市化率不到18%。经过22年的城市化，到20世纪末，即2000年11月第五次全国人口普查，全国城镇人口达到45594万人，占总人口的36.09%。到2012年底，全国城镇人口达到71182万，城市化水平达到52.57%，已经进入城市化快速发展阶段中。我国城市化水平与经济发达国家之间的差距正在逐步缩小。

我国社会科学院的报告《2004—2005年我国社会形势回顾与展望》中指出，我国城镇化率进入新的高速成长期，由1978年的17.92%提高到2004年的42%，平均每年提高近1个百分点。相比较而言，自改革开放以来，我国城镇化推进的速度呈现出逐步加速的趋势。1996—2009年全国城镇化率年均提高幅度是1978—1995年的两倍，是改革开放以前的5倍。城市已成为我国经济社会发展的重要载体，城市经济对我国GDP的贡献率已超过70%。我国城市化进程的第一个拐点出现在1996年，依据诺瑟姆曲线第二个拐点出现在2018年。

根据城市发展"诺瑟姆曲线"规律显示，当城市化水平达到30%的临界值时，将进入加速城市化阶段。2001年和2002年我国城市化水平分别是37.65%和39.1%，刚达到世界发展中国家1998年38%的城市化平均水平；到2010年我国的城镇化率达到49.68%，已接近中等收入国家的平均水平。这说明我国的城市化正在从初级阶段向加速阶段转化。

应当指出，诺瑟姆S形曲线是对西方发达国家城市化演化历程的概括和总结，在很大程度上反映了西方城市化水平的演进态势，特别是美国在1880—1960年、日本在1930—1970年、韩国在1960—1990年都先后跨越了诺瑟姆曲线中高速增长阶段。这表明城市化三阶段演化规律具有一定的普遍性，同时也表明任何一个国家的城市化过程都不可能一蹴而就，都要经历缓慢发展期、加速发展期和减速发展期。当然由于各个国家的国情和所处的发展阶段不同，在城市化过程中经历的三个阶段的时间早晚和速度快慢将会有所差异。我国学者关于未来城市化走向的争论在一定程度上实际上是对保持一种怎样的城市化发展速度的观点冲突。只有在城市化水平与经济社会发展水平之间寻求一种合理的匹配，才能保持城市的健康、稳步、持续发展。

二、我国城市发展方针简要回顾

1. 改革开放前的城市发展方针

"一五"时期国家推行"重点建设，稳步前进"的城市建设方针，确保了当时国家工业建设的中心项目所在的重点工业城市的建设，取得了较好的效果。但从20世纪50年代后期，特别是进入20世纪60年代，国家领导人对工业和城市建设发表了多次讲话，中心思想转向"分散"，强调"控制大城市规模和发展小城镇"。直到1976年以前，国家有关部门一再强调要认真贯彻执行"严格控制大城市规模、搞小城市"的方针。主要的出发点是基于"大跃进"时期城市发展失控给国家带来的损失以及后来我国对当时国际形势过分严峻的分析，基本上反映了当时"备战、备荒"的国家战略和大搞"三线"工业，"分散、靠山、隐蔽""不建集中城市"等指导思想。

1976年以后，我国城市的复兴面对着巨大的困难，国民经济比例严重失调；人口生育高峰和知识青年回城高潮叠加，城市就业压力巨大；城市基础设施投资缺口长期累积的后果日益显露，各种"城市病"全面爆发。这样，以前的指导思想来不及清理就被沿袭下来对付新的严峻局面。1978年全国第三次城市工作会议确立了"控制大城市规模，多搞小城镇"的城市建设方针。

2. 改革开放后的城市发展方针

1978年以后，国民经济进行了几年的"调整、改革、整顿、提高"，目标是加强农业和轻工业生产，压缩重工业和基本建设规模，这使许多重工业中心和综合性大城市因调整而一度造成经济不景气。相比之下，一批以轻纺工业为主的中小城市脱颖而出成为"明星城市"。农村经济改革也使小城镇长期萎缩的局面彻底改变。于是，1980年10月5—

15日,国家建委在北京召开全国城市规划工作会议,正式把"控制大城市规模,合理发展中等城市,积极发展小城市"作为国家的城市发展总方针,这一城市发展方针补充了对中等城市的对策,在形式上更趋完整。同时还强调,今后大城市和特大城市原则上不要再安排新建大中型工业项目。要利用中等城市,有选择地布局一些工业项目,但一般不使其发展成为新的大城市。新建项目应优先在设市建制的小城市和资源、地理、交通协作条件好的小城镇选厂定点。建设小城市和卫星城的规模要适当,人口一般以10万或20万为宜。

在这以后,经济改革逐步进入城市领域,1980年制订的城市发展方针,一度成为学术界讨论的热点,发表了各种各样的观点和建议。尽管1990年《城市规划法》又把上面的方针改为"严格控制大城市规模,合理发展中等城市和小城市",但关于我国城市发展方针的学术讨论仍在继续。事实上,控制大城市规模思想的起源,主要是针对控制市区的人口和用地规模,以缓解由于人口过度膨胀,基础设施不足、交通拥挤住房紧张、环境恶化等矛盾,即所谓的"城市病"而提出的。

21世纪以来,我国的城市发展方针有较大变化,城市管理从行政控制向城市规划理念转变。《中华人民共和国国民经济和社会发展第十一个五年规划纲要》指出,促进城镇化健康发展,要"坚持大中小城市和小城镇协调发展"。可以说,这一思想将有助于我们重新思考、设计更加灵活的城市发展方针,使之适应于社会经济发展战略的需要。《中华人民共和国国民经济和社会发展第十二个五年规划纲要》提出:"促进区域协调发展,积极稳妥推进城镇化""完善城市化布局和形态""以大城市为依托,以中小城市为重点,逐步形成辐射作用大的城市群,促进大中小城市和小城镇协调发展"。2007年10月28日第十届全国人民代表大会常务委员会第三十次会议通过的《中华人民共和国城乡规划法》提出制订和实施城乡规划,应当遵循城乡统筹、合理布局、节约土地、集约发展和先规划后建设的原则,改善生态环境,促进资源、节约能源和综合利用,保护耕地等自然资源和历史文化遗产,保持地方特色、民族特色和传统风貌,防止污染和其他公害,并符合区域人口发展、国防建设、防灾减灾和公共卫生、公共安全的需要。未来我国的城市发展方略必然是以城乡协调为主导、以城市群为中心的有序发展。

第三节 城市规划学科的产生与发展

一、国外城市规划的产生与发展

在漫长的城市发展历史中,人类逐步认识到必须综合安排城市的各项功能与活动,必须妥善布置城市的各类用地与空间,改善自己的居住生活环境,满足生产、生活及安全的需要。因此，城市规划应运而生。

1. 国外古代的城市规划

古希腊（约公元前 8 世纪—前 4 世纪）是当代欧洲文明的始祖，也是古代城市规划的发源地之一。由于古希腊存在大量由自然地形环抱的地区，各自形成了以防御、宗教活动地为核心的城邦国家。最初的城市修建在一些小丘上，以利于防御外敌的进攻，后来城市延伸至小丘脚下的平原，形成建有神庙并具有防御功能的上部城市（卫城）和商业、行政机构所在的下城；在城市形态上，整个城市围绕市政厅、贵族议会或居民代表大会等公共建筑或公共活动空间与宗教建筑等展开，以适应奴隶制下的民主体制的城市国家组织形式。由于民主城邦制的特点，城市中不存在王宫这种封闭区域，而是设有可容纳全体市民（或大部分市民）的广场或剧场。古希腊时期最负盛名的城市是公元前 5 世纪—前 4 世纪的雅典和斯巴达。

古罗马（约公元前 10 世纪—公元 1 世纪）的城市源于同希腊那样的大大小小的城邦国家。在古罗马城市中，军事强权的烙印非常明显，伴随着军事侵略带来的领土扩张和财富集中，城市建设进入鼎盛阶段。这一时期的建设包括与军事目的直接相关的道路、桥梁和城墙，供城市生活所需货物运输及交易的港口、交易所、法庭、公寓，并建造了公共浴室、剧场、斗兽场和宫殿等供奴隶主享乐的设施。罗马帝国时期，广场、铜像、凯旋门和纪功柱成为城市空间的核心和焦点。古罗马时期繁荣阶段的代表是古罗马城，鼎盛时期人口超过 100 万人，城市面积达 20 平方公里，中心最为集中的体现是共和时期和帝国时期形成的广场群。

中世纪（约公元 5—13 世纪）的欧洲，经济、文化以及城市发展上出现一定的倒退，但在其中后期城市文化重新兴起，城市呈现出新的特点：一是欧洲分裂为许多小的封建领主国，封建割据和战争不断，出现了许多有防御作用的城堡；二是城市形态多呈不规则的自然生长的态势，封建领主城堡不断扩张；三是教会势力强大，教堂占据城市的中心位置，教堂庞大体积和高耸尖塔成为城市空间的主导。这一时期欧洲城市普遍规模较小，但数量较多，较具代表性的有巴黎、威尼斯、佛罗伦萨等。

14 世纪后的文艺复兴时期，欧洲资本主义出现萌芽，人文艺术、技术和科学都得到飞速发展，在建筑与城市建设的理论研究方面取得了丰硕的成果，并在许多欧洲城市建设中有一定体现。意大利的城市修建了不少古典风格和构思严谨的广场和街道，如罗马的圣彼得大教堂广场、威尼斯的圣马克广场、佛罗伦萨的西格诺里亚广场与乌菲齐大街以及佛罗伦萨大教堂等。这一时期，城市规划建设将古典主义的作品与片段置于中世纪城市大背景中，提倡的理性与秩序以及在城市设计中所采用的轴线、对称、尺度对景等城市设计的手法对此后的城市设计产生了深远的影响。

17 世纪后半叶，欧洲步入绝对君权时期。在城市与建筑设计中，古典主义盛行，以体现秩序、组织、永恒、至上的王权。具体表现为城市与建筑中的几何结构和数学关系、对轴线和主从关系的强调、平面上的广场和立面上的穹顶。在当时最为强盛的法国，巴黎的城市建设体现了古典主义思潮，在皇家广场、法兰西广场、胜利广场、罗浮宫、凡尔赛宫、香榭丽舍大道等的兴建（或改建）中均有体现。

2. 国外近代城市规划思想与实践

进入19世纪以后，欧洲一些发达国家相继出现了城市人口剧增、住房、市政设施、环境卫生状况恶化等城市问题，近代城市规划则立足于解决上述问题。近代城市规划由1848年的英国《公共卫生法》奠定了基础，1851年英国颁布的《劳动者阶层住宅法》、1875年德国颁布的《普鲁士道路建筑红线法》、1894年英国颁布的《伦敦建筑法》、1902年德国颁布的《土地整理法》、1909年英国颁布的《城乡规划法》等国家和地方性法规都是近代城市规划史的重要里程碑。近代城市规划，作为源于对恶劣城市环境的改造和对劳动者阶层居住状况的改善的社会改良运动，逐渐演变为政府管理城市的重要手段。从实践结果来看，城市规划作为公共干预的手段，确实在一定程度上调整了资产阶级利益集团之间的矛盾，缓和了各阶级之间的冲突，呈现出几个特点：一是使保护私有财产与维持公众利益取得平衡；二是城市贫民阶层的生活状况受到一定的关注；三是采用人工手段弥补城市环境的不足；四是城市规划专业开始出现。

在19世纪，以托马斯·莫尔（Thomas More）、查尔斯·傅立叶（Charles Fourier）和罗伯特·欧文（Robert Owen）为代表的空想社会主义的思想出现，他们提出了一些建立新型生活组织与城市形态的思想，如莫尔的"乌托邦"、欧文的"新协和村"、傅立叶的"法郎吉"等。在空想社会主义思想影响下，人们建设了一些城乡结合的新型社区。但是，由于脱离当时的社会、经济等条件，这些尝试都以失败告终。

自19世纪中期开始，美国一些大城市开始重视总体规划，着手建设一些为居民大众使用的公园。1859年，美国人弗雷德里克·劳·奥姆斯特（Frederick Law Olmsted）设计了纽约中央公园，后又为旧金山、芝加哥、波士顿等城市设计公园绿地。一直到20世纪初前，美国的城市设计热衷于修饰城市华丽壮观外表，经历了集中建设市民中心、林荫大道喷泉广场、雕塑等公共建筑的城市美化运动。

20世纪初，英国人埃比尼泽·霍华德（Ebenezer Howard）出版了《明日的田园城市》，对西方国家尤其是英美国家的城市规划产生了深远影响。1919年田园城市和城市规划协会将其思想归纳为："田园城市是为安排健康的生活和工业而设计的城镇；其规模要有可能满足各种社会生活，但不能太大；被乡村带包围；全部土地归公众所有或者委托他人为社区代管"。成为现代城市规划思想的重要渊源之一。

1915年，帕特里克·盖迪斯（Patrick Geddes）出版了《进化中的城市》，书中提出编制城市规划应采用调查—分析—规划的手法，必须认真研究城市与所在地区的关系，应把"自然地区"作为规划的基本框架，城市规划应起到对民众的教育作用并改善平民生活环境等。他把人文地理学与城市规划结合起来，直到今天仍然是西方城市规划的一个独特传统，盖迪斯的规划思想成为西方近代城市规划理论与方法的基础之一。

1922年，雷蒙德·恩温（Raymond Unwin）于《卫星城镇的建设》中提出了卫星城的概念，该理论在其参与大伦敦规划期间得到应用，即采用"绿带"加卫星城的办法控制中心城的扩张、疏散人口和就业岗位。在第二次世界大战之后的英国城市建设中，卫星城理论得到多次应用。

随着汽车在城市中的大量使用，如何避免汽车交通对居住环境造成干扰成为一个重要问题。为此，20世纪20年代末美国建筑师佩利（Perry）提出了"邻里单位"的概念。"邻里单位"的核心思想是，以一所小学所服务的范围形成组织居住社区单元的基本单位，其中设有满足居民日常生活所需的道路系统、绿化空间和公共服务设施，居民生活不受机动车交通的影响。20世纪30年代美国人克拉伦斯·斯泰因（Clarence Stein）在新泽西的雷德朋新城的设计中，采用了行人与汽车分离的道路系统，诠释了"邻里单位"思想。第二次世界大战后，"邻里单位"的概念普遍运用于居住区规划设计中。1930年，德国埃森市出现第一条步行街，此后很多城市采用和发展了这种分离机动和人行交通的有效形式。

20世纪，西方国家的城市在工业革命的影响下出现了诸多城市问题，为有效解决上述问题，一些城市规划学家顺应社会现实提出了"明日城市""工业城市""带形城市"等规划思想。1922年法国现代建筑大师勒·柯布西耶（Le Corbusier）在其论著《明日的城市》《阳光城》中，主张充分利用新材料、新结构、新技术在城市建设中的可能性，注重建筑的功能、材料、经济性和空间集约，还倡导采用高架立体式的道路交通系统，用现代建筑理念来解决城市中心区的拥挤问题。在城市形态方面，19世纪末西班牙人阿尔图罗·索里亚·伊·马塔（Arturo Soria Y Mata）提出"带形城市"概念，即城市沿着一条高速、高运量的轴线无限延伸，城市用地布置在带有有轨电车的主路的两侧，"带形城市"思想打破了传统城市"块状"形态的固有模式。马塔将其设想实际应用于马德里郊外，修建了一条长4.8公里的试验段。在城市内部结构方面，法国人戛涅尔（Garnier）于20世纪初提出的"工业城市"设想，第一次把现代城市的功能在用地上做了明确的划分，并且使各种不同功能的用地通过道路交通网络有机地联系起来。这种"功能分区"的思想几十年来一直作为城市规划的基本原则和工作方法。

英国在第二次世界大战前期和后期开始了由政府主导的城市规划，并成立专门的委员会对英国的城市工业与人口问题进行调查，调查的结果——《巴罗报告》提出了应控制工业布局并防止人口向大城市过度集中的结论。在此结果的基础上，由艾伯克隆比·帕特里克（Abercrombie Patrick）主持编制了大伦敦规划，按照由内向外的顺序规划了内圈、近郊圈、绿带、外圈四个圈层。大伦敦的规划结构为单中心同心圆封闭式系统，其交通组织采取放射路与同心环路直交的交通网。1946年颁布的《新城法》和1952年的《城镇开发法》推动了英国的新城建设，哈罗新城、密尔顿·凯恩斯新城等都是那一时期的新城代表。20世纪60年代后英国对新城的利弊进行了总结，决定从20世纪70年代后期把政策重点转向内城，以解决旧城中心区的更新问题。提倡政府与公众的结合，实现一种自下而上的，以关心社区问题为主的"社区规划"或"倡导性规划"。

3. 国外现代城市规划思想与实践

20世纪60年代后，西方大城市的中心区开始衰败，社会矛盾不断加剧。以形体环境为主的现代城市规划难以缓解现实的社会和经济问题。自此英、美等国的学者对城市的社会、经济、政治、环境、交通、文化、历史、艺术等方面进行了大量研究。具有代表性的，如美国学者刘易斯·芒福德（Lewis Mumford）的《城市的文化》《城市发展史》等著作，系统地阐述了城市发展与政治、经济、文化等背景相联系的历史过程，提出城市规划的正确方法是调查、评估、编制规划方案和实施，芒福德的城市规划思想促使城市规划的理论和方法进行变革，使以物质形体和土地利用为主的城市规划更好地与社会经济发展相结合。

20世纪70年代后，世界性人口爆炸、资源短缺、能源浪费、环境恶化等现象，非但在发展中国家日益突出，而且在发达国家也存在。20世纪80年代环境保护的规划思想又逐步发展成为可持续发展的思想。1989年正式提出的"可持续发展"思想，1992年在巴西举行的全球环境与发展首脑会议对"可持续发展"思想给予肯定。1996年联合国在伊斯坦布尔举行"人类住区第二次大会"，提出了"城市化进程中的可持续发展"的战略目标，如何建设"可持续发展城市"成为全球性的研究课题。

近年来，大量的城市规划实践，其设计思想的主流是人文主义的，重视人的需要、步行环境、多样性和富有人情味等，并且重视与自然的结合，历史建筑、街道、街区的保护，历史文脉的连续，以促进文化品质的提高。1998年，美国波特兰开始实行一种新的城市发展计划——波特兰气候行动计划（LUTRAQ计划），主要政策有：在公共建筑中强制推广绿色建筑技术；推进激励机制的建立，鼓励私有项目采用绿色标准；积极培育绿色建筑产业群。节能减排涉及各个行业，包括建筑与能源、土地利用和可移动性、消费与固体废物、城市森林、食品与农业、社区管理等；并且设定不同的目标和行动计划，将节能减排作为一项法律推行，如在市区建设供步行和自行车行驶的绿道，优化交通信号系统以降低汽车能耗，运用LED交通信号灯等。N.泰勒（N.Taylor）经过研究后，精辟地将20世纪末期到21世纪初期西方城市规划领域关注的重要议题列为以下五个方面：

（1）城市经济的衰退和复苏。

（2）超出传统解决视野并在更广范围内讨论社会的公平。

（3）应对全球生态危机和响应可持续发展要求。

（4）回归对城市环境美学、质量以及文化发展的需要。

（5）地方的民主控制和公众参与要求。

在规划方法上，随着系统论、控制论、信息论等新的理论方法以及网络技术在城市规划领域应用，城市规划在信息收集、分析、建模、模拟、制图、传播等方面都实现了很大的飞跃。与此同时，在民主化潮流日益发展的情况下，公众参与城市规划的论证、咨询和决策，已经越来越广泛和深入，成为城市规划的一种重要方法。

二、我国城市规划的产生与发展

1. 我国古代的城市规划

我国最早的具有一定规划格局的城市雏形大约出现在4 000多年前。进入夏朝后，史料已有建城的记述。商朝是我国古代城市规划体系的萌芽阶段，这一时期的城市建设和规划出现了一次空前的繁荣，从目前掌握的考古资料可以看出，商西亳的规划布局采取了以宫城为中心的分区布局模式，而殷则开创了开敞性布局的先河，并且强调了与周边区域的统一规划。周朝是我国奴隶社会的鼎盛时期，也是我国古代城市规划思想最早形成的时期。周人在总结前人建城经验的基础上，制订了一套营国制度，包括都邑建设理论、建设体制、礼制营建制度、都邑规划制度和井田方格网系统。如《周礼·考工记》记载："匠人营国，方九里，旁三门，国中九经九纬，经涂九轨，左祖右社，面朝后市，市朝一夫"，充分体现了周朝都城形制中的社会等级和宗法礼制。

秦汉时期，严格的功能分区体制达到新的高度，这一时期城市数量也有很大的增长。秦始皇统一我国后，将全国划为四大经济区，强调了区域规划，同时在咸阳附近大搞城市建设，在渭水北岸修建宫殿群。统一六国后，在渭水南岸兴建著名的阿房宫。阿房宫规模宏大，与渭水北岸宫殿群及咸阳城有大桥联系，尚有架空栈道连接各个宫殿。从阿房宫直至南面的终南山均为皇帝专用禁苑，其中尚分布有不少离宫。西汉则进一步强化了区域内城镇网络的作用。

隋唐时期十分注重城市规划。唐代城市总体布局严整划一，都城规模宏大，衙署布置在宫前，居民区与宫殿严格分开，城市布局中的政治色彩极浓。首都大兴城（唐长安城）是一座平地新建的都城，事先制订规划，然后筑城墙，开辟道路，后逐步建坊里，有严密的计划。因而，唐长安城是我国古代最为严整的都城，主要特点是中轴线对称格局，方格式路网，城市核心是皇城，三面为居住里坊所包围。隋唐时期城市在建筑技术和艺术方面也有较大的发展，其特点如下：

（1）强调规模的宏大、城郭的方整、街道格局的严谨和坊里制度。

（2）建筑群处理愈趋成熟，不仅加强了城市总体规划，宫殿、陵墓等建筑也加强了突出主体建筑的空间组合，强调了纵轴方向的陪衬手法。

（3）木建筑解决了大面积、大体量的技术问题，砖石建筑也有了一定发展。

（4）设计与施工水平提高，掌握设计与施工的技术人员职业化。

宋元时期，城市建设中突破了旧的坊里体制约束，城市的功能从奴隶社会的政治职能为主变成了经济职能占主导地位。这一探索在北宋的东京、南宋的临安得以充分实现。东京在城市建设中突出了经济职能和军事防御两方面的作用。道路系统或成井字形方格网，路边分布很多商铺、作坊、酒楼，街道的等级色彩已被淡化。临安的城市布局更加灵活、紧凑，其宫室建筑规模趋小，简单朴素。总体上说，两宋城市布局已能反映商业城市规划特点：按经济活动来布置城市建筑，经济区及商业街市越来越密集发达，罗城（即外城）面积大大超过皇城、宫城（或行政机关地），反映出城市经济职能与政治职能间的此消彼长。元大都继承了《考工记》的传统，汲取魏晋唐宋以来都城规划的经验。元大都选址地势平坦，布局规矩齐整，外城、皇城、宫城重重相套，皇城居于全城中心偏南，中轴线南起丽正门，穿过皇城、宫城的重重大门。

封建社会晚期，我国历代都城的规划从不同的侧面继承了已形成的规划传统，结合当时的政治、经济形势加以变革和调整，城市化的进程加速，城市的防御功能提高到一个新的水平。城市布局的整体性进一步突出，关注环境、道路水系等的改善以及市政设施的完善等。明清时期北京城秉承了元大都的布局结构。

从以上简单的回顾可以看出，我国早在大约3100年前就已经形成了一套较为完备的城市规划体系，其中包括城市规划的基本理论、建设体制、规划制度和规划方法。在漫长的封建社会，这一体系得到不断补充、变革和发展，由此而造就了中华大地上一批历史名城，如商都殷、西周洛邑、汉长安、隋唐长安、宋东京和临安、元大都、明清北京城等，这些都是当时闻名于世的大城市，它们宏大的规模、先进的规划、壮观的建筑都为世人称道。我国古代的城市规划体系在相当长的一段时间内都走在世界前列，有些成就甚至领先于西方数百年的时间。概括起来，我国古代城市规划体系最核心的内容，就是"辨方正位""体国经野""天人合一"，即三个基本观念——整体观念、区域观念以及自然观念。

2. 我国近现代的城市规划

我国的近现代历史与西方发达国家有很大的不同，由于没有发生工业革命，因而，城市缺乏发展与变革的原动力，再加上我国近代内战与外侵的影响，我国近代城市的发展是被动的、局部的和畸形的。从近代城市产生的原因及其变化程度来看，我国近代城市可以分为新兴城市和既有的传统封建城市。近代的城市规划发端于殖民侵略者直接对其控制的殖民地城市或租界所进行的规划，在此过程中及以后，国外城市规划思想、理念、技术逐渐传播。此后，我国政府主导、留学人员参与的城市规划开始出现。

早期规划包括上海、天津、武汉等地租界的规划，其中上海是早期租界规划的典型。1845年，清政府在上海首开租界先河，70年后上海的租界总面积达4663公顷。英、美、法殖民者进行了拓宽道路、建设给排水和煤气设施、疏浚河道、修建铁路等一系列城市基础设施建设。上海租界中的城市规划明显带有同时代西方工业化国家的特征，如各类基础设施规划、1855年颁布的《上海洋泾浜以北外国居留地（租界）平面图》、1879年荷兰工程师编制的黄浦江整治规划方案、1926年公共租界的《上海地区发展规划》、1938年的《法租界市容管理图》等。其中，《上海地区发展规划》包括功能分区布局道路系统规划与道路交通改善措施、区划条例与建筑法规、交通管理与公共交通线路规划等。

早期的城市规划也有一些是某一帝国主义国家独占城市的规划，如青岛、大连、长春、哈尔滨等。以青岛为例，该地于1898年为德国强行租用，期限是90年，并有了德国编制的完整的城市规划。最早的城市规划编制于1900年，1910年再次编制"城乡扩张规划"并大幅度扩展规划范围。德国所编制的城市规划一方面体现出对华人居住地区的歧视，如规划中分别划出德国区和中国区，并采用不同的道路、绿化和基础设施标准等。但在另一方面，德国对青岛的规划体现了当时的先进规划技术和方法，在港口及与其他路网的关系、教堂等标志性建筑与城市景观的结合等处都有合理的设计。1914年与1937年日本曾两度占领青岛，也编制过一些规划。

20世纪20年代以后，出现了由政府主导的城市规划。其中，"大上海计划""上海都市计划一、二、三稿"、南京的"首都计划"以及汕头的"市政改造计划"等是这一类城市规划的代表。1929—1931年间，国民政府编制了《大上海计划图》及相关的专项规划图和说明，规划包括市中心区的道路系统规划、详细分区规划、政治区规划与建设以及包含租界地区在内的全市分区规划（含商业区、工业区、商港区、住宅区）、交通规划（含水道航运、铁路运输、干道系统规划）等。其中，中心区规划使西方巴洛克式的城市设计手法与我国对称的传统布局形态有机结合在一起。抗战胜利后，一些从欧美留学归来的建筑师、工程师和在华外籍学者参与了规划的编制工作，将"区域规划""有机疏散""快速干道"等当时较为先进的城市规划理论运用到规划中。

3. 中华人民共和国成立后的城市规划

大致说来，中华人民共和国的城市规划工作可分为20世纪50年代的引进、创建时期，20世纪60—70年代的混乱时期以及20世纪80年代以来的改革、发展时期。

20世纪50年代，城市规划工作是在配合重点工程建设中得到发展的。城市规划的编制原则、技术分析、构图的手法乃至编制的程序，基本上是照搬苏联的做法，以配合苏联援建的156个重点建设项目。1953年3月，建工部城市建设局设立了城市规划处，从沿海大城市和大专院校的毕业生中调集规划技术人员，并聘请苏联城市规划专家来华指导。随后，北京和全国省会一级的城市也逐步建立了城市规划机构，参照重点城市的做法开展城市规划工作。这一时期，全国有150多个城市先后编制了城市总体规划，国家建委、城市建设部分别审批了太原、兰州、西安、洛阳、包头等重点工业项目集中的15个城市的总体规划。"一五"末期，全国从事城市规划工作的人员达5000余人。

"大跃进"时期和"文化大革命"十年是城市建设和城市规划工作陷入混乱、徘徊停滞的时期。为适应经济的"大跃进"，城市建设也出现"大跃进"，城市规划出现大大超越实际可能的人口规模和用地规模的估算。"大跃进"之后，城市规划步入徘徊停滞期，在1960年11月的全国计划工作会议上提出了"三年不搞城市规划"，导致各地城市规划机构被撤销，使城市建设失去规划的指导，造成了难以弥补的损失。1964年，在大小"三线"建设中，先是实行"靠山、分散、隐蔽"的方针，后来又改为"靠山、分散、进洞"，形成"不建集中城市"的思想，其影响不仅在"三线"建设，而且波及全国城市。1966

年开始的"文化大革命"十年是城市规划和建设遭受破坏最严重的时期。各地城市规划机构被撤销,规划队伍被解散,全国城市规划工作被严重废弃,导致乱拆、乱建成风,园林文物遭破坏,城市建设陷入混乱状态。1973 年,全国城市规划工作人员仅有 700 人左右,而且几乎不能正常开展工作。

1976 年粉碎"四人帮"之后的十几年,我国的城市规划事业步入了发展和改革的新阶段。1978 年 3 月,国家召开第二次城市工作会议,强调要"认真抓好城市规划工作"。要求全国各城市,要根据国民经济发展计划和各地区具体条件,认真编制和修订城市总体规划、近期规划和详细规划。1980 年 10 月,国务院重申了城市规划的重要地位与作用,并首次提出城市的综合开发和土地有偿使用。1984 年 1 月,我国第一部城市规划法规《城市规划条例》颁布实施,使城市规划和管理开始走向法制化的轨道。1989 年末,全国人大常委会通过了《中华人民共和国城市规划法》,完整地提出了城市发展方针、城市规划的基本原则、城市规划制订和实施的体制以及法律责任等。这一时期,我国开展了新一轮城市总体规划,开展了全国城镇布局规划和上海经济区、长江流域沿岸、陇海兰新沿线地区等跨省区的城镇布局规划,还编写了一大批城市规划教材,城市规划逐步成为一个独立学科和工作体系。

20 世纪 90 年代至今是我国城市规划的快速发展期。1992—1993 年间,为解决城市"房地产热"和"开发区热"等问题,在全国推行了控制性详细规划的编制与实践,对城市房地产开发发挥了一定调控作用。1996 年 5 月,《国务院关于加强城市规划工作的通知》发布,指出"城市规划工作的基本任务,是统筹安排城市各类用地及空间资源,综合部署各项建设,实现经济和社会的可持续发展"。这是在社会主义市场经济条件下国家给城市规划的新的定位。随着市场经济的发展,国有土地使用权出让转让制度实施,我国开始第二轮总体规划编制,省区、市域、县域城镇体系规划全面展开。城市规划开始注重控制性详细规划对土地开发的引导和规划控制,计算机、网络、遥感等新技术在城市规划编制和管理中得到普遍应用,自然科学与社会科学结合、国内与国外理念融合、城市与区域发展协调等观念在城市规划实践中均有体现,城市规划被作为法定文件贯彻实施以指导城市发展。1999 年 12 月,建设部召开全国城乡规划工作会议,强调"城乡规划要围绕经济和社会发展规划,科学地确定城乡建设的布局和发展规模、合理配置资源"。这一时期代表性的城市规划有北京、上海、深圳、苏州、南京、西安等各大城市的总体与详细规划。

21 世纪是城市规划向社会经济事业逐步深入、城市规划日益成熟的时期。2000 年通过的《国民经济和社会发展第十个五年计划纲要》明确提出"实施城镇化战略,促进城乡共同进步""加强城镇规划、设计、建设及综合管理"。2006 年通过的《国民经济和社会发展第十一个五年规划纲要》提出"必须促进城乡区域协调发展""做好乡村建设规划""要加强城市规划建设管理,规划城市规模与布局,要符合当地水土资源、环境容量、地质构造等自然承载力,并与当地经济发展、就业空间、基础设施和公共服务供给能力相适应"。这一时期的一个重大事件是 2007 年《中华人民共和国城乡规划法》颁布,城市规划与村镇规划的协调、城市规划的体系性得到重视。2011年通过的"十二五"规划再次强调了中小城市、小城镇、生态城市发展理念。这一时期，国务院批复了一批大城市的总体规划，如武汉、西安等。

中华人民共和国成立以来，我国城市规划走过了一条不平凡的道路，早期我们借鉴苏联经验，取得了计划经济体制下的城市规划经验。在改革开放后，随着经济增长和城市化的迅速发展，城市建设的规模和速度都是空前的，在建设新城市和改造老城市以至村镇建设都取得了很大的成绩，从实践中看，取得了规划设计的新经验。这些经验也推动着城市规划学科在我国的传播与发展，未来我国的城市规划工作将更加注重资源与环境问题、更加注重城乡的协调发展问题。

第四节　城市规划学科的性质与体系

一、城市规划学科的定位

城市规划学科从实践中产生并服务于实践，对城市发展中实际问题的解释和解决就构成了规划学科存在的意义和价值基础。现代城市规划学科形成与发展的目的是解决城市发展过程中的种种弊病，即"城市问题"。完成规划编制只是一种手段，而不是最终目的。城市规划是以城市及其空间为研究对象的一门综合性学科。此处的城市是广义的概念，不仅包括城市客观的物质世界，同时也包括城市的精神世界（即人们对客观物质世界的感应、城市经济社会等方面）。可以说，现代城市是由客观城市系统、城市规划理论与技术系统、主观城市系统三个结构要素所组成的统一的整体，现代城市发展呈现出螺旋式上升的演变过程，城市规划理论与技术是促进现代城市健康有序发展的重要手段。

对城市及其空间发展的控制与引导是城市规划学科的本质与核心。在研究内容上，现代城市规划已进入社会科学领域，它不仅仅解决了城市的工程技术问题，分析和解决城市的社会、经济、环境问题已成为规划研究的主要内容之一；在研究方法上，从城市空间发展求解转变为寻求城市社会问题解决；在研究理念上，从城市空间视觉审美转变为城市与区域可持续发展；在学科发展上，从单一建筑学科走向学科构成的多元化模式。在西方发达国家，城市规划学科属于社会科学。在我国，将城市规划学作为以城市内部组合空间为核心内容与操作对象的以建筑学为基础的技术科学，其中城市内部空间组合包括二维的土地利用组合（土地利用规划各专项规划）与三维的建筑外部空间组合（城市设计），因而城市规划与建筑学一样，属于自然科学的范畴。

二、城市规划学科体系

城市规划学科体系包括三个二级学科，是一个从基础理论到工程技术实践，再到应用甚至深入到城市社会制度和文化问题的完整学科体系。

1. **理论城市规划学**

理论城市规划学研究城市系统及其功能发生、发展、演替的基本理论与基本原理，探索理想的人居环境模式和揭示城市系统功能高效运转的内在机理，为城市与区域可持续发展决策服务。其基础理论和核心内容包括：

（1）探讨城市系统的本质、功能结构、组成。

（2）揭示城市系统的发生、发展、重组和作用机制。

（3）研究城市系统演变过程中的物质流、信息流、能量流以及熵增减变化等问题。

（4）掌握城市系统演变过程中人的感应与行为机制。

（5）建立理想城市系统模型及其动态预测模拟的一般性问题等。

2. **技术城市规划学**

技术城市规划学是研究如何构建理想城市系统技术标准与方法的学问。主要包括：

（1）构建理想城市系统的工程学的技术标准与设计方法，包括土木建筑工程建设技术、市政工程建设技术、社区发展与建设理念。

（2）城市规划决策支撑系统技术与专家决策知识系统，这是规划方案决策及规划效果评价的重要依据，包括地理空间分布理论、经济学的价值理论、现代社会文化准则、大众艺术与美学标准等内容。

（3）城市系统发展、演变综合模拟与评价模型技术，包括优化城市规划模式、城市发展预测模型等。

3. **应用城市规划学**

在现代信息技术的支撑下，以理论城市规划学、技术城市规划学为基础，通过城市社会学、城市管理学、建筑工程学、地理学、经济学、艺术美学和计算机信息技术的集成，构建城市系统的规划技术与管理信息系统，创造理想的适居环境与高效的工作场所，实现区域可持续发展。主要包括：

（1）城市建设规划：包括城市道路工程规划城市居住区规划、城市市政工程规划、城市生态系统规划城市景观规划、城市减灾防灾规划、社区建设规划等。

（2）城市系统演变的预测与控制，即城市系统的保护与调控。

（3）城市系统演变过程的监测、调控与管理。

（4）城市管制的法规建设与措施等。现代城市规划学科体系应按照以问题为导向的研究思路，正确处理好理论城市规划学、技术城市规划学和应用城市规划学三个二级学科

-33-

的衔接关系，打破传统空间形体规划与社会发展规划间的壁垒，促进学科的发展与完善。

三、现代城市规划学科及其发展趋势

（一）现代城市规划学科的形成

1. 现代城市规划学科的诞生

城市规划是一门古老而又年轻的学科。早期城市规划营造思想可追溯至春秋战国时代。由于当时生产力水平低下，城市较为简单，城市规划学科也较简单。现代城市规划学科是在借鉴相关学科理论基础上逐渐形成与发展起来的。现代城市规划学科开拓者霍华德倡导的"城乡融合"、盖迪斯的"人与自然融合"、芒福德的"区域整体协调"等思想，极大地推动了现代城市规划学科发展，并在解决工业革命所造成的"城市病"方面发挥着不可磨灭的作用。也正是这些相关交叉学科的渗透，才使现代城市规划学科得以诞生。加之20世纪中叶人类生存环境危机进一步加剧，以城市问题为导向的研究成为国际政界和科学界共同关注的焦点，社会、经济、政治、生态环境等交叉学科理论与思想大量涌入，造就城市问题和城市发展研究的空前繁荣，并出现了诸如城市社会学、城市经济学、城市生态学、城市地理学、城市管理学等交叉学科。这些新兴学科的诞生为现代城市规划学科的发展奠定了基础，并促进了城市规划学科研究领域与范畴的不断延伸，经过半个多世纪的不断充实和完善，城市规划发展成为一门跨越自然学科和社会学科的独立学科。在联合国教科文组织1974年编制的学科分类目录中，城市规划被列为29个独立学科之一。

2. 现代城市规划学科形成过程中的三大宪章

在城市规划学科的产生与发展历程中，有如下几个事件对城市规划实践与学科的发展具有重要的推动作用。1933年国际现代建筑协会（CLAM）在希腊雅典会议上通过的《雅典宪章》、1977年国际建筑协会（LVA）在秘鲁马丘比丘签署的《马丘比丘宪章》和1999年在北京通过的《北京宪章》是20世纪现代城市规划理论和方法的基本导则。

《雅典宪章》指出，城市规划的目的是解决居住、工作、游憩和交通四大活动的正常进行问题。宪章认为：

（1）居住区要用城市中最好的地段，规定城市中不同地段采用不同的人口密度。

（2）有计划地确定工业与居住的关系。

（3）新建居住区要多留空地，旧区已坏的建筑物拆除后应辟为绿地，降低旧区的人口密度，在市郊要保留良好的风景地带。

（4）应从整个道路系统入手规划交通，街道要进行功能分类，要按照调查统计的交通资料来确定道路的宽度。

《雅典宪章》系统地阐述了城市和它周围区域之间的有机联系，指出城市和乡村都是构成一定区域的组成要素。

《马丘比丘宪章》是在肯定《雅典宪章》的基础上，根据新情况做了修改和新的发展。《马丘比丘宪章》的观点主要如下：

（1）关于城市和区域的关系，国家和区域的经济决策和计划应与城市发展规划相结合。

（2）关于"功能分区"，不要为了追求分区清晰而牺牲城市的有机构成，要创造一个综合的、多功能的空间环境。

（3）应使私人汽车从属于公共运输系统的发展。

（4）规划中要防止照搬照抄不同条件、不同文化背景的解决方案。

（5）城市的个性和特性取决于城市的体型结构和社会特征。

（6）宜人生活空间的创造重在内容而不是形式。

（7）不应着眼于孤立的建筑，而要追求建筑、城市、园林绿化的统一。

（8）技术是手段而不是目的，要正确应用材料和技术。

（9）要使公众参与设计的全过程等。《马丘比丘宪章》明确指出：区域和城市规划是个动态过程，不仅包括规划的制订，也包括规划的实施。

1999年于北京召开的国际建筑协会第20届世界建筑师大会上通过了由吴良镛起草的《北京宪章》。《北京宪章》继承了有关人居环境科学的成就，倡导建筑、地景、城市三位一体的规划思想。提出"以新的观念对待21世纪建筑学的发展"，包括生态观、经济观、科技观、社会观、文化观。"用传统的概念或设计方式来考虑建筑群及其与环境的关系已不合时宜，我们要用群体的观念、城市的观念看建筑；从单个建筑到建筑群的规划建设，到城市规划与乡村规划的结合、融合，以至区域的协调发展。"

3. 我国城市规划学科发展现状

我国在改革开放以后，经济上的快速发展、社会发展的需要和人们认识观念的转变大大改变了城市规划学科的地位并强调了其在社会经济发展中的重要性。特别是《城市规划法》的制订，使学科的发展不仅具有了法律的地位，而且要求学科从内涵上及其自身方面提高到一个新的高度。城市规划的观念、内容、方法、手段在这一时期发生了很大变化，人们将人口问题、环境问题、土地资源问题、行政区划、交通、住宅与人居环境问题等都提到研究城市的相关的重要议题上来。在城市规划实践与理论发展的同时，我国城市规划教育也迅速发展起来。20世纪50年代有两所院校开办了该专业，20世纪90年代末有30所，至今已有清华大学、同济大学、南京大学等约100余所院校开设了城市规划专业。但是，我国城市规划学科的发展历程还相对较短，近现代的城市规划思想创新不足，再加上不重视规划理论的研究和分析，导致我国城市规划学科与国际研究水平存在一定的差距。随着我国社会经济的发展、城市规划专业的建设以及城市规划实践的发展，我国现代城市规划思想将逐步形成，城市规划学科在我国的发展将有更加广阔的空间。

我国城市化起步较晚，在城市建设上既有发达国家的一般性问题，又有不同于发达国家的特殊问题，如何根据具体情况探索解决城市问题，引起愈来愈多学者、城市管理者的重视与研究。只有从历史与现实中总结经验，寻找规律，预测未来，以指导建设。但时代的发展很快，城市建设的周期又很长，因此即使按当时"最新"的规划思想进行建设，到完成时却往往已经落后于发展的需求。所以，人们只能通过更深入地科学研究，力求更科学地预测未来，以不断地、及时地调整和完善城市的规划，这也正是城市规划学发展的总趋势。

（二）城市规划学科的发展趋势

1. 宏观研究的拓展与微观研究的深入

宏观研究层面，城市规划学科的研究视角空间范围从单一城市发展到世界城市，从城市实体发展到空间关系，从陆地城市发展到多种地理空间。工业革命初期，城市规划一般是孤立地考虑城市整体或局部的建设，而随着城市规模的扩大，城市之间、城乡之间关系的发展，城市规划学科研究的空间范围从城市逐步扩展到城市周围地带、整个区域以至整个国家，甚至超越了国境。随着人类聚居形式与实质的发展变化，城市规划的研究视角在纵向上也逐渐深入。城市规划学科的研究实际上已经扩展到广义人类聚居领域，包括人口分布、城市系统结构、空间组织与分布形式、城市间关系、城乡关系等领域。技术的发展又使城市规划学科的研究在空间领域上不断推陈出新，城市规划又开始将海洋资源的开发、极地的开发、水上空间的开发等纳入研究视角。

在宏观研究面不断拓宽的同时，城市规划学科在微观方面的研究也日益深入。地区性与个人生活直接相关的微观问题，如住房、就业、交通社会福利等是在国家或区域整体的社会及经济背景下出现的，地区性城市问题的解决成为城市规划研究与设计的目标之一。微观研究目前也在不断深入中，学术界在研究居住的"极限空间"、最佳密度以及城市细胞组织等方面都取得了一定进展。

2. 将时间要素引入城市规划设计与研究

现在人们更注意研究古往今来的社会经济、文化和技术演变过程对城市发展的影响及其作用规律。每个城市都有它生长、发展、衰败、复兴等变化过程。考古发现时间要素对城市规划设计和建筑的思潮影响很大，城市规划本身也要随时间的推移而不断地变化发展。因而城市规划学科不仅研究现代城市，还研究史前文化和原始文化的各种聚落。人们已经不把城市规划方案当作一朝制订便可以一劳永逸的东西，不再满足于静态的、封闭的总体规划方案，而越来越认识到动态规划的概念和方法的重要性。从本质上说，城市规划工作本身就是不断研究，不断修正、开放的、应变的过程。基于这一观点，有人还提出所谓"滚动式"规划或"延续性"规划等，通过实施效果的检验来补充、修正规划。

总之，城市规划工作已经不只是平面上的二维的土地利用规划，也不只是三维空间上的布局，而是引入时序这一基本要素的四维的研究活动。在规划中要提供最大范围内的、可以预见的和不能预见到的机会，保证人们有可能的、最大的选择自由，能使未来的发展留有充分的余地和多种可能性。

3. 多种学科交叉推动城市规划发展

随着城市研究的发展，新的思想、新的方法和新的学科不断被引入，多学科交叉发展与渗透推动城市规划的发展。20世纪30年代到第二次世界大战期间，社会、经济、人口、统计、地理、历史、法律、工程、建筑等专业人员从本专业的角度出发，研究城市和城市发展，使人们对城市的认识提高了一大步，也推动了城市建设工作的开展。多学科交叉中值得重视的成果之一是新的科学技术手段在规划中得到日益广泛的应用。近年来，新的自然科学方法与技术（如系统工程理论）、新的数学方法以及电子计算机技术不断渗透到城市规划与城市研究中。运筹学的理论，包括线性规划、成本分析、效益分析、最短路径分析、对策论等，在规划中都已得到广泛应用。正是这些发展推动了多学科的综合研究与城市系统研究。人们还试图应用新的技术与方法在定性分析基础上做一定的定量分析。预测科学的发展，对城市规划研究也有很大的推动。

第五节　城市规划学的内容结构与学习方法

一、城市规划学的内容结构

城市规划学是一门跨度很大、综合性很强的学科，涉及建筑学、生态学、地理学等自然科学，也涉及社会科学的诸多领域，如经济学、公共政策学、社会学、管理学、法学和艺术等一系列学科。因而，学习城市规划必须根据学科的特点采用多种方法进行。

二、城市规划学的学习方法

1. 理论学习与实践操作相结合的

城市规划在数千年发展过程中，积累了丰富的城市规划思想与理论，学习城市规划首先要站在巨人的肩膀上，通过理论学习来汲取精华。城市规划又是一门实践性学科，城市规划与城市建设、建筑、设计紧密相关，体现出非常强的实践性与现实性，学习城市规划必须立足于实践。任何理论都来源于实践，没有脱离实践的理论，也没有纯理论的理论。但是理论反过来又指导实践，只有通过反复的实践，才能检验理论是否正确、是否完善。因而，城市规划的学习既要从书本资料和课堂上吸取理论精华，又要通过城市规划课题参与、规划设计等的实践操作实现对理论的再认识。

2. 历史研究与现实观察相结合

历史研究是为了汲取经验、理解现实、合理实践。城市规划在国内外都有上千年的历史，通过历史发现城市规划的变化与演进规律、寻找世界城市规划历史中的精华，是城市规划学学习基本方法之一。

现实观察就是以感官活动为先决条件，与积极的思维相结合，在不干涉对象自然状态的前提下，系统地运用感官对客观事物（城市与区域发展趋势、城市布局形态、建筑设计形态等）进行感知、考察和描述的一种研究方法。通过对现有城市规划的成果进行细致观察，对现有城市规划所处社会经济背景认真思考，深入体会，为城市规划设计提供基础。观察法是城市规划学习的基本方法。

历史研究与现实观察相结合，将历史与现实比较，才会在城市规划实践与思想上有突破和创新。本节对国内外城市规划的历程进行了简单介绍，学生在学习本书的过程中需要通过阅读本书来获得城市规划的一般历史，还应当充分利用国内外介绍城市规划历史的资料进一步拓展，必要时可以观察分析古代城市规划遗迹。

3. 案例分析与系统分析相结合

案例分析是教学中最为有效的教学方法之一，对于初学者来说能够通过案例的学习和分析更快地理解城市规划的理论。案例就是对真实的事物事件或对象的记录。城市规划案例包含复杂的事实背景和规划思路，通过对案例的深入分析与探讨，能使学生通过图文并茂的实例，加深对城市规划理论的理解与提高应用能力，学生的观点逐渐走向成熟。

城市系统作为区域系统的一个特定部分，是整个国家和世界系统的子系统。学习城市规划，要用系统的观点对城市规划进行宏观把握，如分析城市交通规划就要将城市交通系统与整个城市社会经济系统联系起来，将市内交通系统与市外交通系统联系起来进行综合分析。

案例分析与系统分析相互结合，并通过习题来消化、理解这些理论、模型与方法，帮助学生从宏观上把握一个城市或地区的规划方向，从而科学地、合理地进行城市规划。

4. 定性分析与定量分析相结合

城市规划最为常用的是定性分析方法，主要用于城市规划中复杂问题的判断。城市规划的目标思路等都是定性的东西，城市规划分析中牵涉的因素繁多，为了全面考虑问题，提出解决问题的方法，往往先尽可能多排列出相关因素，发现主要因素，找出因果关系。例如在确定城市性质时城市特点的分析，确定城市发展方向时城市功能与自然地理环境的分析等。因而学习城市规划首先应当运用定性分析的方法来理解城市规划的各项内容。

在实施城市规划时，定量工具将更多地被引入。如界定规划对象（即一定范围内的区域）时，首先要做的工作便是界定规划对象的范围，这就需要用定量工具对规划范围进行界定。在城市用地选择时，用地的地形条件、气象条件等也都必须运用各种物理工具来测量。在规划制图时，必须运用 Auto CAD（欧特克计算机辅助设计软件）等工具来实现。因而，城市规划需要通过学习使用各种定量分析工具，并对规划范围和内容进行定量分析。

5. 静态分析与动态分析相结合

城市系统是一个动态系统，短期内的城市规划具有静态特征，而长期内的城市规划具有动态特征。因此，城市规划的学习必须把静态分析和动态分析密切地结合起来。例如，研究和判断一个国家或地区的城市规划是否合理，是否有利于社会经济的发展，首先需要对影响和决定规划的诸多因素和条件进行静态分析，同时还必须从动态角度分析和研究这些因素和条件的过去和未来的发展变化，并把两种分析方法辩证地结合起来，才能对该城市的规划作出最终的判断和选择。

第三章 城市规划职能、体系与内容

第一节 城市规划的职能与体系

一、城市规划的职能

城市规划是建设和管理城市的基本依据,是保证城市合理地进行建设和城市土地合理开发利用及正常经营活动的前提和基础,是实现城市社会经济发展目标的综合性手段。

在计划经济体制下,城市规划的任务是根据已有的国民经济计划和城市既定的社会经济发展战略,确定城市的性质和规模,落实国民经济计划项目,进行各项建设投资的综合部署和全面安排。

在市场经济体制下,城市规划的本质任务是合理地、有效地和公正地创造有序的城市生活空间环境。这项任务包括实现社会政治经济的决策意志及实现这种意志的法律法规和管理体制,同时也包括实现这种意志的工程技术、生态保护、文化传统保护和空间美学设计,以指导城市空间的和谐发展,满足社会经济文化发展和生态保护的需要。

依据城市的经济社会发展目标和环境保护的要求,根据区域规划等上层次的空间规划的要求,在充分研究城市的自然、经济、社会和技术发展条件的基础上,制订城市发展战略,预测城市发展规模,选择城市用地的布局和发展方向,按照工程技术和环境的要求,综合安排城市各项工程设施,并提出近期控制引导措施。

具体主要有以下九个方面:

1. 收集和调查基础资料,研究满足城市经济社会发展目标的条件和措施。
2. 研究确定城市发展战略,预测发展规模,拟定城市分期建设的技术经济指标。
3. 确定城市功能的空间布局,合理选择城市各项用地,并考虑城市空间的长远发展方向。
4. 提出市域城镇体系规划,确定区域性基础设施的规划原则。
5. 拟定新区开发和原有市区利用、改造的原则、步骤和方法。

6. 确定城市各项市政设施和工程措施的原则和技术方案。

7. 拟定城市建设艺术布局的原则和要求。

8. 根据城市基本建设的计划，安排城市各项重要的近期建设项目，为各单项工程设计提供依据。

9. 根据建设的需要和可能，提出实施规划的措施和步骤。

二、城市规划体系

城市规划体系包括规划法规、规划行政和规划运作（规划编制和开发控制）三个组成部分。

1. 城市规划法规体系

城市规划法规体系包括主干法及其从属法、专项法和相关法，规划法规是现代城市规划体系的核心，为规划行政和规划运作提供法律依据。城市规划法的诞生与公共政策、公共干预密切相关、土地权力中公共权高于所有权。

城市规划法是平衡国家、地方、企业、居民这四者之间的利益，保证城市发展的活力，实现城市土地等空间资源最有效配置的一种行政法。城市规划的法规体系是与国家的行政体制密切相关的，这是由城市规划的政府行为特点决定的。城市规划的法规体系从法律层面上奠定了城市规划在国家事务中的重要地位，城市规划的法规体系不是一成不变的，而是随着国家经济社会生活的变迁而变迁的，"城乡统筹"观念的提出将很大程度上改变我国现行的城市规划法规体系。

国家城市规划法规体系是以《城乡规划法》为基本法，包括与之相配套的由行政法规组成的国家城市规划法规体系。地方城市规划法规体系是以各省、自治区、直辖市制订的《城乡规划法》实施条例或办法为基础的以及与之相配套的行政法规组成的地方城市规划法规体系。

2. 城市规划行政体系

城市规划行政体系主要是通过"两证一书"的拟定与核发，对城市规划实施管理。

3. 城市规划运作体系

城市规划运作体系包括规划编制和开发控制。

城市规划是城市政府为达到城市发展目标而对城市建设进行的安排，尽管由于各国社会经济体制、城市发展水平、城市规划的实践和经验各不相同，城市规划的工作步骤、阶段划分与编制方法也不尽相同，但基本上都按照从抽象到具体，从发展战略到操作管理的层次决策原则进行。一般城市规划分为城市发展战略和建设控制引导两个层面。

开发控制主要有以下三种形式：

（1）是通则式规划管理。比较具体地制订开发控制规划的各项规定，作为规划管理的唯一依据,规划人员在审理开发申请个案时,几乎不享有自由量裁权,具有确定性和客观性的优点,但在灵活性和适应性方面较为欠缺,如美国的区划制度。

(2)是判例式规划管理。比较原则性地制订开发控制规划的各项规定,规划人员在审理开发申请个案时享有较大的自由量裁权,具有灵活性和适应性的优点,但在确定性和客观性方面较为欠缺,如英国的审批制度。我国开发控制基本属于判例方式,规划审批主要依据是控制性详细规划。

(3)是将通则式与判例式相结合的混合式开发控制。

第二节 各层次规划编制的主要任务和内容

编制城市规划一般分总体规划和详细规划两个阶段进行。大城市、中等城市为了进一步控制和确定不同地段的土地用途、范围和容量,协调各项基础设施和公共设施的建设,在总体规划基础上,可以编制分区规划。编制城市总体规划,应当先组织编制总体规划纲要,研究确定总体规划中的重大问题,作为编制规划成果的依据。城市总体规划纲要是对现行城市总体规划以及各专项规划的实施情况进行总结,对基础设施的支撑能力和建设条件作出评价;针对存在问题和出现的新情况,从土地、水、能源和环境等城市长期的发展保障出发,依据全国城镇体系规划和省域城镇体系规划,着眼区域统筹和城乡统筹,对城市的定位、发展目标、城市功能和空间布局等战略问题进行前瞻性研究,作为城市总体规划编制的工作基础。城市或县级人民政府所在地镇的总体规划,应当包括市或者县的行政区域的城镇体系规划。城市详细规划应当在城市总体规划或者分区规划的基础上,对城市近期建设区域内各项建设作出具体规划。城市详细规划分为控制性详细规划和修建性详细规划。城市详细规划应当包括:规划地段各项建设的具体用地范围,建筑密度和高度等控制指标,总平面布置、工程管线综合规划和竖向规划。

一、城市总体规划纲要

城市总体规划应该根据城市经济、社会发展规划纲要,将其战略目标在城市物质空间上加以落实和具体化。为了使两者更好地衔接,在城市总体规划具体方案着手之前,先制订城市规划纲要。

城市规划纲要的任务是研究确立总体规划的重大原则,结合城市的经济、社会发展长远规划、国土规划、土地利用总体规划、区域规划,根据当地自然、历史、现状情况确立城镇化地域发展的战略部署。

城市总体规划纲要是城市建设战略性的规划构想。在规划纲要阶段,除了研究确定城市的性质、规模之外，对可能产生的多个战略方案也应加以研究分析，诸如城市发展的方向、空间布局结构以及在时序关系上提出战略部署，如空间结构集中式、组团式，先集中后分散的战略、先开发新区后改造旧区的战略等。规划纲要经市人民政府同意后，作为编制城市规划的依据。

主要内容包括：

1. 论证城市国民经济发展条件，原则确定城市发展目标。
2. 论证城市在区域中的地位，原则确定市（县）域城镇体系的结构与布局。
3. 原则确定城市性质、规模、总体布局、选择城市发展用地、提出城市规划区范围的初步意见。
4. 研究确定城市能源、交通、供水等城市基础设施开发建设的重大原则问题。
5. 实施城市规划的重要措施。

规划纲要成果以文字为主，辅以必要的城市发展示意性图纸，比例一般为1：25000—1：50000。

二、城市总体规划

城市总体规划是综合研究和确定城市性质、规模和空间发展状态，统筹安排城市各项建设用地，合理配置城市各项基础设施，处理好远期发展和近期建设的关系，指导城市合理发展。城市总体规划的期限一般为20年，同时作出城市远景的轮廓性规划安排，近期建设规划期限一般为5年。建制镇总体规划期限可以为10—20年，近期建设规划期限一般为3—5年。

城市总体规划应当包括：城市的性质、发展目标和发展规模，城市主要建设标准和定额指标，城市建设用地布局、功能分区和各项建设的总体部署，城市综合交通体系和河湖、绿地系统，各项专业规划，近期建设规划。

1. 具体内容包括：

（1）编制城镇体系规划。调整城镇体系规模结构、职能分区和空间布局。

（2）确定城市性质和发展方向，划定城市规划区范围。

（3）提出规划期内城市人口及用地发展规模，确定城市建设与发展用地的空间布局、功能分区以及市中心、区中心位置。

（4）确定城市对外交通系统的布局以及车站、铁路枢纽、港口、机场等主要交通设施的规模、位置，确定城市主、次干道系统的走向、断面、主要交叉口形式，确定主要广场、停车场的位置、容量。

（5）综合协调并确定城市供水、排水、防洪、供电、通讯、燃气、供热消防、环卫等设施的发展目标和总体布局。

（6）确定城市河湖水系的治理目标和总体布局，分配沿海、沿江岸线。

（7）确定城市园林绿地系统的发展目标及总体布局。

（8）确定城市环境保护目标，提出防治污染措施。

（9）根据城市防灾要求，提出人防建设、抗震防灾规划目标和总体布局。

（10）确定需要保护的风景名胜、文物古迹、传统街区，规定保护和控制范围，提出保护措施，历史文化名城要编制专门的保护规划。

（11）确定旧区改建、用地调整的原则、方法和步骤、提出改善旧城区生产、生活环境的要求和措施。

（12）综合协调市区与近郊区村庄、集镇的各项建设，统筹安排近郊区村庄、集镇的居住用地、公共服务设施、乡镇企业、基础设施和菜地、园地、牧草地、副食品基地，划定需要保留和控制的绿色空间。

（13）进行综合技术经济论证，提出规划实施步骤、措施和方法的建议。

（14）编制近期建设规划，确定近期建设目标、内容和实施部署。建制镇总体规划的内容可以根据其规模和实际需要适当简化。

2. 城市总体规划的文件及主要图纸包括：

（1）文件包括规划文本和附件，规划说明及基础资料收录附件。规划文本是对规划的各项目标和内容提出规定性要求的文件，规划说明是对规划文本的具体解释（以下有关条款同）。

（2）图纸包括市（县）域城镇布局现状图、城市现状图、用地评定图、市（县）域城镇体系规划图、城市总体规划图、道路交通规划图、各项专业规划图及近期建设规划图。图纸比例：大、中城市为1：10000—1：25000，小城市为1：5000—1：10000，其中建制镇为1：5000；市（县）域城镇体系规划图的比例由编制部门根据实际需要确定。

3. 城市总体规划的强制性内容包括：

（1）城市规划区范围。

（2）市域内应当控制开发的地域。包括：基本农田保护区、风景名胜区、湿地、水源保护区等生态敏感区、地下矿产资源分布地区。

（3）城市建设用地。包括：规划期限内城市建设用地的发展规模；土地使用强度管制区规划和相应的控制指标（建设用地面积、容积率、人口容量等）；城市各类绿地的具体布局；城市地下空间开发布局。

（4）城市基础设施和公共服务设施。包括：城市干道系统网络、城市轨道交通网络、交通枢纽布局；城市水源地及其保护区范围和其他重大市政基础设施；文化、教育、卫生、体育等方面主要公共服务设施的布局。

（5）城市历史文化遗产保护。包括：历史文化保护的具体控制指标和规定；历史文化街区、历史建筑、重要地下文物埋藏区的具体位置和界线。

（6）生态环境保护与建设目标。包括：污染控制与治理措施。

（7）城市防灾工程。包括：城市防洪标准、防洪堤走向；城市抗震与消防疏散通道；城市人防设施布局；地质灾害防护规定。

三、城市近期建设规划

近期建设规划的期限原则上应当与城市国民经济和社会发展规划的年限一致，并不得违背城市总体规划的强制性内容。在近期建设规划到期时，应当依据城市总体规划组织编制新的近期建设规划。

近期建设规划的内容应当包括：

1. 确定近期人口和建设用地规模，确定近期建设用地范围和布局。
2. 确定近期交通发展策略，确定主要对外交通设施和主要道路交通设施布局。
3. 确定各项基础设施、公共服务和公益设施的建设规模和选址。
4. 确定近期居住用地安排和布局。
5. 确定历史文化名城、历史文化街区、风景名胜区等的保护措施，城市河湖水系、绿化、环境等保护、整治和建设措施。
6. 确定控制和引导城市近期发展的原则和措施。

近期建设规划的成果应当包括规划文本、图纸以及包括相应说明的附件。在规划文本中应当明确表达规划的强制性内容。

四、分区规划

分区规划的主要任务是在总体规划的基础上，对城市土地利用、人口分布和公共设施、城市基础设施的配置作出进一步的安排，以便与详细规划更好地衔接。

1. 分区规划内容

（1）原则规定分区内土地使用性质、居住人口分布、建筑及用地的容量控制指标。

（2）确定市、区、居住区级公共设施的分布及其用地范围。

（3）确定城市主、次干道的红线位置、断面、控制点坐标和标高，确定支路的走向、宽度以及主要交叉口、广场、停车场位置和控制范围。

（4）确定绿地系统、河湖水面、供电高压线走廊、对外交通设施、风景名胜的用地界线和文物古迹、传统街区的保护范围，提出空间形态的保护要求。

（5）确定工程干管的位置、走向、管径、服务范围以及主要工程设施的位置和用地范围。

2. 分区规划文件及主要图纸

（1）文件包括规划文本和附件，规划说明及基础资料收录附件。

（2）图纸包括规划分区位置图、分区现状图、分区土地利用及建筑容量规划图、各项专业规划图。图纸比例为 1∶5000。

五、控制性详细规划

控制性详细规划用以控制建设用地性质、使用强度和空间环境，作为城市规划管理的依据，并指导修建性详细规划的编制。控制性详细规划确定的各地块的主要用途、建筑密度、建筑高度、容积率、绿地率、基础设施和公共服务设施配套规定应当作为强制性内容。

1. 控制性详细规划内容

（1）详细规定所规划范围内各类不同使用性质用地的界线，规定各类用地内适建、不适建或者有条件地允许建设的建筑类型。

（2）规定各地块建筑高度、建筑密度、容积率、绿地率等控制指标；规定交通出入口方位、停车泊位、建筑后退红线距离、建筑间距等要求。

（3）提出各地块的建筑体量、体型、色彩等要求。

（4）确定各级支路的红线位置、体型、色彩等要求。

（5）根据规划容量，确定工程管线的走向管径和工程设施的用地界线。

（6）规定相应的土地使用与建筑管理规定。

2. 控制性详细规划的文件和图纸

（1）文件包括规划文本和附件、规划说明及基础资料收录附件。规划文本中应当包括规划范围内土地使用及建筑管理规定。

（2）图纸包括规划地区现状图、控制性详细规划图纸。比例为 1∶1000—1∶2000。

六、修建性详细规划

修建性详细规划是针对当前需要进行建设的地区编制更为详细的城市规划，用以具体指导各项建设和工程设施的设计和施工。

修建性详细规划内容包括：

1. 建设条件分析及综合技术经济论证。

2. 布置总平面图。

3. 道路交通规划设计。

4. 绿地系统设计。

5. 工程管线设计。

6. 竖向规划设计。

7. 估算工程量、拆迁量和总造价，分析投资效益。

修建性详细规划包括文件和图纸；文件为规划设计说明书；图纸分为现状图、总平面图、各项专业规划图、竖向规划图、透视图。比例 1∶500—1∶2000。

第三节 城市规划行政与管理

一、城市规划行政

城市规划采用"两证一书"的拟定与核发实施管理。

1. 选址意见书

城市规划区内建设工程的选址和布局必须符合城市规划，设计任务书报请批准时，必须附有城市规划行政主管部门的选址意见书。选址意见书的目的是保障建设项目的选址和布局科学合理，符合城市规划的要求，实现经济效益、社会效益和环境效益的统一。选址意见书依据《城乡规划法》、城市总体规划、《建设项目选址规划管理办法》（建设部、国家计委建规字第583号文）发放。

选址原则包括：

（1）符合城市规划确定的用地性质。
（2）与城市道路、交通、能源、通讯、给水排水、煤气、热力等专项规划相衔接。
（3）公共设施配套。
（4）符合环保规划、风景名胜及文物古迹保护规划要求。
（5）符合城市防洪、防火、防爆、防震等要求。

选址意见书由建设单位持批准立项的有关文件和项目的基本情况向规划部门提出申请。未选地址项目，由规划部门确定项目地址和用地范围，并以选址意见书的方式通知建设单位；已选地址项目，由规划部门予以确认或予以否认。

2. 建设用地规划许可证

项目选址批准后，需向规划部门正式办理申请用地手续，规划部门需提出规划设计条件，对用地的数量和具体范围予以确认，并核发"建设用地规划许可证"。按出让、转让方式取得的建设用地，应在合同内容中包括规划规定的地块位置、范围、使用性质和有关技术指标。"建设用地规划许可证"是向土地管理部门申请土地使用权必备的法律凭证。

建设用地规划设计条件一般包括土地使用规划性质、容积率、建筑密度、建筑高度、基地主要出入口、绿地比例以及土地使用其他规划设计要求。

3. 建设工程规划许可证的核发

建设单位或者个人在取得建设用地规划许可证后，方可向县级以上地方人民政府土地管理部门申请用地，经县级以上人民政府审查批准后，由土地管理部门划拨土地。在城市规划区内新建、扩建和改建建筑物、构筑物、道路、管线和其他工程设施，必须按规划设计条件提出设计成果，规划部门按批准的图纸组织放线、验线后，方可核发建设工程规划许可证。建设单位或者个人在取得建设工程规划许可证件和其他有关批准文件后，方可申请办理开工手续。

二、城市规划编制和审批

市人民政府负责组织编制城市规划。县级人民政府所在地镇的城市规划，由县级人民政府负责组织编制。城市总体规划和城市分区规划的具体编制工作由城市人民政府建设主管部门（城乡规划主管部门）承担。市人民政府应当依据城市总体规划，结合国民经济和社会发展规划以及土地利用总体规划，组织制订近期建设规划。控制性详细规划由城市人民政府建设主管部门（城乡规划主管部门）依据已经批准的城市总体规划或者城市分区规划组织编制。修建性详细规划可以由有关单位依据控制性详细规划及建设主管部门（城乡规划主管部门）提出的规划条件，委托城市规划编制单位编制。

市规划坚持分级审批制度，保障城市规划的严肃性和权威性。

直辖市的城市总体规划，由直辖市人民政府报国务院审批。省和自治区人民政府所在地城市或城市人口在100万以上的城市及国务院指定的其他城市的总体规划，由省、自治区人民政府审查同意后，报国务院审批。其他设市城市和县级人民政府所在地镇的总体规划，报省、自治区、直辖市人民政府审批，其中市管辖的县级人民政府所在地镇的总体规划，报市人民政府审批。其他建制镇的总体规划，报县级人民政府审批。

市人民政府和县级人民政府在向上级人民政府报请审批城市总体规划前，需经同级人民代表大会或者其常务委员会审查同意。

城市分区规划经当地城市规划主管部门审核后，报市人民政府审批。

城市详细规划由市人民政府审批；编制分区规划的城市的详细规划，除重要的详细规划由市人民政府审批外，由市人民政府城市规划行政主管部门审批。

市人民政府和县人民政府在向上级人民政府报请审批城市总体规划前，需经同级人民代表大会或者其常务委员会审查同意。

市人民政府可以根据城市经济和社会发展需要，对城市总体规划进行局部调整，报同级人民代表大会常务委员会和原批准机关备案；但涉及城市性质、规模、发展方向和总体布局重大变更的，需经同级人民代表大会或者其常务委员会审查同意后报原批准机关审批。

三、规划师的职业道德

规划师的职业道德首先要从城市规划本身说起。城市规划的实质可以理解为指导各级政府和经济主体进行建设的公共政策，是在社会各个层面进行，并在政治经济主体之间进行资源分配的政治行为过程。目前，制订实施城市公共政策的最主要的主体是市政府，因此规划师在工作中客观上受当地主管部门的制约。

规划师的职业道德应该采取以下几点措施：

1. 应该将规划师的道德教育放在人才培养的重要地位，在既有的职业教育体系中，增加切实有效的职业道德教育。

2. 规范城市规划编制的行为，重新确立规划师的职业角色。城市规划是一个复杂而综合的社会过程，而不是一个单纯的技术行为，更不应该将其作为一个商业行为。所有的城市规划从编制计划开始到编制成果的审查，都应该建立公示制度。将政府性的规划与市场性的设计进行严格的区分。

3. 强化城市规划法定的地位，为规划师坚守争议提供有力支持。进一步明确规划的严肃性和对违法行为的处罚权，并对规划师的正当职业行为和权益予以保障，使其免受不当的权力干扰。

4. 加快培育公民社会，加强社会力量对城市规划的全程监管。成熟健康的公民社会不仅可以对规划师的职业道德操守进行公正的监督，而且也是对规划公众性、公平性和严肃性的有力保障，是规划师值得信赖和可以依托的重要力量。

第四章 城市用地及其规划

第一节 城市用地分类与评价

一、城市用地分类

1. 城市用地分类

城市用地的用途分类在城市的发展历史中,曾有不同的分类方法与用途名称。我国早年的用地功能地域划分为住宅区、工业区、商业区及文教区等类别。1990年建设部统一了城市用地分类的划分方法和名称,颁布了《城市用地分类与规划建设用地标准》(GBJ 137-90)的国家标准,该标准将城市用地分为10大类、46中类和73小类,以满足不同层次规划的要求。2008年《城乡规划法》的颁布实施需要城乡统筹的新技术标准支撑,因此,为体现城乡统筹、区域一体化、土地集约利用的原则,新的《城市用地分类与规划建设用地标准》(GB 50137-2011)于2012年1月1日颁布实施。该标准体现了从城市为主向城乡并重的转变,采用分层次控制的综合用地分类体系,包括"城乡用地"和"城市建设用地"两个层级,分类层级与代码延续"树型多层级"模式。

在详细规划阶段,用地进一步细分,在用地名称上,除相同功能性质的仍然沿用外,还需增加新的用途类别,例如上述总体规划用地分类中的居住用地。在详细规划阶段,居住小区又可细分为:住宅用地、道路用地、绿地、公共服务设施用地等,一般使用上述用地分类规范中的小类。

2. 城市用地构成

城市用地的构成,是基于城市用地的自然与经济区位以及由城市职能所形成的城市功能组合与布局结构,其呈现不同的构成形态。按照行政隶属的等次,宏观上可分为市区、地区、郊区等。按照功能用途的组合,分为工业区、居住区、市中心区、开发区等。不同规模的城市,因各种功能内容的不同,其构成形态也不一样。大城市和特大城市由于城市功能多样而较为复杂,在行政区划上,常有多重层次的隶属关系,如市辖县、建制镇、一般镇等；在地理位置上有中心城区、近郊区、远郊区等。

二、城市用地评价

（一）城市用地自然条件评价

城市用地的自然条件评价主要包括工程地质、水文、气候和地形等几个方面。

1. 工程地质条件

（1）土质与地基承载力。在城市用地范围内，由于地层的地质构造和土质的自然堆积情况存在着差异，其构成物质也就各不相同，加之受地下水的影响，地基承载力大小相差悬殊。全面了解城市用地范围内各种地基的承载能力，对城市建设用地选择和各类工程建设项目的合理布置以及工程建设的经济性，都是十分重要的。此外，有些地基土质常在一定条件下改变其物理性质，从而对地基承载力带来影响。

（2）地形条件。不同城市的地形条件，对城市规划布局、道路走向和线型、各项基础设施建设、建筑群体的布置、城市的形态与形象等均会产生一定的影响。结合自然地形条件，合理规划城市各项用地和布置各项工程设施，无论是从节约土地和减少平整土石方工程投资或者从城市管理等方面看，都具有重要意义。

（3）冲沟。冲沟是由间断流水在地层表面冲刷形成的沟槽。冲沟切割用地，使之支离破碎，对土地的使用十分不利。尤其在冲沟的发育地区，水土流失严重，而且道路的走向往往受其限制而增加线路长度和增设跨沟工程，给工程建设带来困难。规划前应弄清楚冲沟的分布、坡度、活动状况以及冲沟的发育条件，以便及时采取相应的治理措施。

（4）滑坡与崩塌。滑坡与崩塌是一种物理工程地质现象。滑坡是由于斜坡上大量滑坡体在风化、地下水以及重力作用下，沿一定的滑动面向下滑动而造成的，常发生在山区或丘陵地区。

（5）岩溶。地下可溶性岩石（如石灰岩、盐岩等）在含有二氧化碳、硫酸盐、氯等化学成分的地下水的溶解与侵蚀之下，岩石内部形成空洞，这种现象称为岩溶，也叫卡斯特现象。

（6）地震。地震是一种自然地质现象，大多数地震是由地壳断裂构造运动引起的。所以，了解和分析当地的地质构造非常重要。在有活动断裂带的地区，最易发生地震，二者断裂带的弯曲突出处和断裂带交叉的地方往往是震中所在。在强震区一般不宜建设城市。在震区建设城市时，除指定各项建设工程的设防标准外，还需考虑震后疏散救灾等问题。地震断裂带上一般可设置绿化带，不得进行建设，同时也不能布置城市的主要交通干路。此外，在城市的上游不宜修建水库，以免地震时水库堤坝受损，洪水下泄，危及城市。

2. 水文地质条件

水文地质条件一般指地下水的存在形式，含水层的厚度、矿化度、硬度、水温及水的流动状态等条件。地下水常常作为城市用水的水源，特别是远离江河湖泊或地面水水量不足、水质不符合卫生要求的城市，调查并探明地下水资源尤为重要。地下水按其成因与埋藏条件可分为三类，即上层滞水、潜水和承压水。其中能作为城市水源的主要是潜水和承压水。潜水基本上是地表渗水而成，主要靠大气降水补给。承压水是指两个隔水层之间的重力水，由于有隔水顶板，受大气降水和地面污染较小，成为远离江河城市的主要水源。

地下水的水质、水温由于地质情况和矿化度不一，对城市用水和建筑工程的适用性应予以注意。以地下水作为水源，若盲目过量抽用，将会出现地下水位下降。这在一些大工业城市，后果非常明显。如无锡因大量抽取地下水，在20世纪80年代末以后的10年间，地面已下沉1m。

3. 气候条件

与城市规划与建设关系密切的气候条件主要有太阳辐射、风象、气温、降水与湿度等。

（1）太阳辐射。太阳辐射的强度与日照率在不同纬度的地区存在着差异。分析研究城市所在地区太阳运行规律和辐射强度，对于建筑的日照标准、建筑朝向、建筑间距的确定以及建筑的遮阳设施与各项工程的采暖设施的设置提供规划设计的依据。

（2）风象。风对城市规划与建设有多方面的影响，特别是在环境保护方面。风是地面大气的水平移动，由风向和风速两个量表示。风向就是风吹来的方向，表示风向最基本的一个特征指标叫风向频率。风向频率一般分8个或16个罗盘方向观测，累计某个时期内各个方位风向的次数，并以各个风向的总次数的百分比来表示。

$$风向频率 = \frac{某一时期内观测、累计某一风向发生的次数}{同一时期内观测、累计风向发生的总次数} \times 100\%$$

风速指单位时间内风所移动的距离，表示风速最基本的指标是平均风速。平均风速是按每个风向的风速累计平均值来表示的。根据城市多年风向观测记录汇总所绘制的风向频率图和平均风速图又称风玫瑰图。风玫瑰图是研究城市布局的重要依据。

（3）气温。气温对于城市规划与建设的影响体现在：如城市所在地区的日温差或年温差较大时，会给建筑工程的设施与施工带来影响；在工业配置时，需根据气温条件，考虑工业生产工艺的适应性与经济性问题；在生活居住方面，则应根据气温状况考虑生活居住区的降温或采暖设备的设置等问题。在日温差较大的地区（尤其是冬天），常常因为夜间城市地面散热冷却较快，大气层下冷上热，使城市上空出现逆温层现象，在静风或谷地地区，加上山坡气流下沉，更加剧这一现象。

在大中城市，由于建筑密集，绿地、水面偏少，生产与生活活动过程散发大量的热量，往往出现市区气温比郊外高的现象，即所谓"热岛效应"。针对这一现象，在规划布局时，可增设大面积水体和绿地，加强对气温的调节作用。

（4）降水与湿度。降水量的大小和降水强度对城市较为突出的影响是排水设施。此外，山洪的形成、江河汛期的威胁等也给城市用地的选择及城市防洪工程带来直接的影响。

一般城市因大量人工建筑物与构筑物覆盖，相对湿度比城市郊区低。湿度的大小还对城市某些工业生产工艺有所影响，同时又与居住环境是否舒适有关。

（二）城市用地适用性评定

城市用地的自然环境条件适用性评定是对土地的自然环境，按照生态系统需求、城市规划与建设的需要，进行土地使用的功能和工程的适宜程度以及城市建设的经济性与可行性的评估，其作用是为城市用地选择和用地布局提供科学依据。

城市用地工程适宜性评定要因地制宜，特别是抓住对用地影响最突出的主导环境要素，进行重点分析与评价。例如，平原河网地区的城市必须重点分析水文和地基承载力的情况；山区和丘陵地区的城市，地形、地貌条件往往成为评价的主要因素。

我国一般将建筑用地的适宜性评价分为如下三类。

一类用地：指用地的工程地质等自然环境条件比较优越，能适应各项城市设施的建设需要，一般不需或只需稍加工程措施即可用于建设的用地。

二类用地：需要采取一定的措施，改善条件后才能修建的用地。它对城市设施或工程项目的分布有一定的限制。

三类用地：指不适于修建的用地或现代工程技术难以修建的用地，所谓不适于修建的用地是指用地条件差，必须付以特殊工程技术措施后才能用作建设的用地，这取决于科学技术和经济的发展水平。

用地类别的划分是需要按各地区的具体条件相对来拟定的，如甲城市的一类用地在乙城市可能是二类用地。同时，类别的多少也要视环境条件的复杂程度和规划的要求来确定，如有的分四类，有的只需二类即可。所以用地分类具有地方性和实用性，不同地区不能做质量类比。

（三）城市用地选择

城市用地选择就是合理选择城市的具体位置和用地的范围。对新建城市就是城市选址，对老城市就是确定城市用地的发展方向。城市用地选择需有用地适宜性评定的成果作为依据，同时还需综合考虑社会、经济、文化、环境等方面问题，以确定规划期内城市的明确边界。由于在用地适宜性评价中已经对危及环境安全和城市安全的要素进行了识别，并将之划定为禁建区，因此，在城市用地选择阶段，相对关注各种社会、经济和制度要素。通常涉及的方面如下：

1. 建设现状和使用。指用地内已有的建筑物、构筑物状态，如现有村、镇，或其他地上、地下工程设施。新城址的选择和城市的扩张需要占用原有的村镇聚居点和乡镇工矿或军事设施等用地。城市需要对它们的迁移、拆除的可能性、动迁的数量、保留的必要与价值、可利用的潜力及经济代价作出评估。

2. 重大基础设施。指限制或促进城市发展的区域重大基础设施，如高速公路、铁路和重大水利、能源设施。在城市用地选择时，除对现状进行调研外，还需对目前尚未开始建设，但在国家或省市层面已经安排的重要基础设施进行研究，以确定其对城市将产生何种影响，并制订相应策略。

3. 区域关系。指一个城市与周边其他城市或地区的关联程度。当今的城市更逐渐依靠区域整体的实力进行竞争，各个城市或依靠强大的经济实力辐射其他城市，或接受更高层次城市的辐射，这种辐射在空间上体现为相互吸引。例如上海所在的长三角城市群，各个毗邻上海的城市几乎都选择向上海方向发展，以缩短自己到上海的交通时距。

4. 市政设施配套。指选择用地周边区域的水、电、气等供应网络以及道路桥梁等情况，即市政设施环境条件。基础设施是城市的主要支出领域，基础设施的容量与水平关系到相应建设的规模（如城市跨河发展时，桥梁的通行能力）、建设经济以及建设周期等问题。

5. 土地利用总体规划。指国土管理部门指定的土地利用总体规划，目前我国自然资源部编制的《土地利用总体规划》也对城市用地的边界作出了规定。在当前规划部门编制城市规划，特别是总体规划时，应当对该用地在国土部门编制《土地利用总体规划》中各个空间的用途规定及调整的可能性有所了解，并做好必要的沟通协调工作。

6. 社会遗存指用地范围内地下已挖掘、待探明的文化遗址、文物古迹以及有关部门的保护规划与规定等状况，原则上重要的文化遗存都应列入禁建区范围，然而文化遗存的星罗棋布，很难将所有文化遗存都列入禁建区保护。另外，对于一些重要遗存非常丰富的城市，城市空间的选择也必须在遗址保护区的夹缝中寻找。

7. 社会问题指用地的产权归属、涉及原住民或企业的社会、民族、经济等方面问题。2007年《物权法》以法律的形式明确了所有权人对自己的不动产或动产，依法享有占有、使用、收益和处分的权利。因此，因城市建设需要征收集体所有的土地，应依法足额支付土地补偿费、安置补助费、地上附着物和青苗的补偿费费用，安排被征地农民的社会保障费用、保障被征地农民的利益。

第二节 城市用地规划

一、城市总体布局

城市总体布局是研究城市各项用地之间的内在联系，并通过城市主要用地组成的不同形态表现出来。城市总体布局是城市总体规划的重要内容，它是在城市发展纲要基本明确的条件下，在城市用地评定的基础上，对城市各组成部分进行统筹兼顾、合理安排，使其各得其所、有机联系。

1. 城市总体布局的基本原则

（1）城乡结合，统筹安排

总体布局立足于城市全局，从国家、区域和城市自身根本利益和长远发展出发，考虑城市与周围地区的联系，统筹安排，同时与区域的土地利用、交通网络、山水生态相互协调。

（2）功能协调，结构清晰

城市用地结构清晰是城市用地功能组织合理性的一个标志，它要求城市各主要用地功能明确，各用地之间相互协调，同时有安全便捷的联系，保证城市功能整体协调、安全和高效运转。

（3）依托旧区，紧凑发展

依托旧区和现有对外交通干线，就近开辟新区，循序滚动发展。新区开发布局应集中紧凑，节约用地和城市基础设施投资，以有利于城市运营，方便城市管理，减轻交通压力。

（4）分期建设，留有余地

城市总体布局是城市发展与建设的战略部署，必须有长远观点和具有科学预见性，力求科学合理、方向明确、留有余地。对于城市远期规划，要坚持从现实出发，城市近期建设应以城市远期发展为指导，重点安排好近期建设和发展用地，形成城市建设的良性循环。

2. 自然条件对城市总体布局的影响

（1）地貌类型。地貌类型一般包括山地、高原、丘陵、盆地、平原、河流谷地等，它对城市的影响体现在选址和空间形态等方面。

平原地区地势平坦，城市可以自由扩展，因而其布局多采用集中式，如北京、济南、太原、石家庄等城市。

河谷地带和海岸线上的城市，由于海洋、山地和丘陵的限制，城市布局多呈狭长带状分布，如兰州、大连、深圳等城市。

江南水网密布，用地分散，城市多呈分散式布局，如苏州、绍兴、杭州等。

（2）地表形态。地表形态包括地面起伏度、地表坡度、地面切割度等。其中，地面起伏度为城市提供了各具特色的景观要素，地面坡度对城市建设影响最为普遍和直接，而地面切割度则有助于城市特色的创造。

地表形态对城市布局的影响主要体现在：山体丘陵城市的市中心都选在山体的四周进行建设，既可以拥有优美的地表绿化景观，同时又可以俯瞰、眺望整个城市全貌，如围绕南山建设的南山首尔城市中心；其次，居住区一般布置在用地充裕、地表水源丰富的谷地中；再次，工业特别是有污染的工业布置在地形较高的下风向，以有利于污染空气的扩散。

（3）地表水系流域的水系分布、走向对污染较重的工业用地和居住用地的规划布局有直接影响，规划中的居住用地、水源地、特别是取水口应安排在城市的上游地带。

（4）地下水。地下水的矿化度、水温等条件决定着一些特殊行业的选址和布局，决定其产品的品质。

在城市总体规划中，地下水的流向应与地面建设用地的分布以及其他自然条件一并考虑。防止因地下水受到工业排放物的污染，影响到居住区生活用水的质量，城市生活居住用地及自来水厂，应布置在城市地下水的上水位方向；工业区特别是污水量排放较大的工业企业，应布置在城市地下水的下水位方向。

（5）风向在进行城市用地规划布局时，为了减轻工业排放的有害气体对生活区的危害，通常把工业区布置在生活区的下风向，但应同时考虑最小风频风向、静风频率、各盛行风向的季节变换及风速关系。

（6）风速对城市工业布局影响很大。在城市总体布局中，除了考虑城市盛行风向的影响外，还应特别注意当地静风频率的高低，尤其在一些位于盆地或峡谷的城市，静风频率往往很高。如果只按频率不高的盛行风向作为用地布局的依据，而忽视静风的影响，那在静风日，烟尘滞留在城市上空无法吹散，只能沿水平方向慢慢扩散，仍然影响邻近上风侧的生活居住区，难以解决城市大气污染问题。

3. 城市用地布局主要模式

城市用地布局模式是对不同城市形态的概括表述，城市形态与城市的性质规模、地理环境、发展进程、产业特点等相互关联。大体分为以下类型：

（1）集中式的城市用地布局。特点是城市各项用地集中连片发展，就其道路网形式而言，可分为网络状、环状、环形放射状、混合状以及沿江、沿海或沿主要交通干道带状发展等模式。

（2）集中与分散相结合的城市用地布局。一般有集中连片发展的主城区、主城外围形成若干具有不同功能的组团，主城与外围组团间布置绿化隔离带。

（3）分散式城市用地布局。城市分为若干相对独立的组团，组团间被山丘、河流、农田或森林分隔，一般是都有便捷的交通联系。

4. 城市总体布局基本内容

城市总体布局主要目的是为居民创造良好的工作环境、居住环境和休憩环境，核心问题是处理好居住与工业的合理关系。

（1）按组群方式布置工业企业，形成工业区。合理安排工业区与其他功能区的位置，处理好工业与居住、交通运输等各项用地之间的关系，是城市总体规划的首要任务。

（2）按居住区、居住小区等组成梯级布置，形成城市居住区。城市居住区的规划布置应能最大限度地满足城市居民多方面和不同程度的生活需要。一般情况下，城市居住用地由若干个居住区组成，根据城市居住区布局情况配置相应公共服务设施内容和规模，满足合理的服务半径，形成不同级别的城市公共活动中心，这种梯级组织更能满足城市居民的实际需求。

（3）配合城市各功能要素，组织城市绿地系统，建立各级休憩与游乐场所。将绿地系统尽可能均衡地分布在城市各功能组成要素之中，尽可能与郊区绿地相连接，与江河湖海水系相联系，形成较为完整的绿地系统。

（4）按居民工作、居住、游憩等活动的特点，形成城市的公共活动中心体系。城市公共活动中心通常是指城市主要公共建筑物分布最为密集的地段，城市居民进行政治、经济、社会、文化等公共活动的中心。

（5）按交通性质和交通速度，划分城市道路的类别，形成城市道路交通体系。在城市总体布局中，城市道路与交通体系的规划占有特别重要的地位。按各种道路交通性质和交通速度的不同，对城市道路按其从属关系分为若干类别。交通性道路比如联系工业区、仓库区与对外交通设施的道路，以货运为主，要求高速；而城市生活性道路则是联系居住区与公共活动中心、休憩游乐场所的道路以及他们各自内部的道路。

5. 城市总体布局的艺术性

城市空间布局应当在满足城市总体布局的前提下，利用自然和人文条件，对城市进行整体设计，创造优美的城市环境和形象。

（1）城市用地布局艺术。指用地布局上的艺术构思及其在空间上的体现，把山川河流、名胜古迹、园林绿地、有保留价值的建筑等有机组织起来，形成城市景观的整体框架。

（2）城市空间布局体现城市审美要求。城市之美是自然美与人工美的结合，不同规模的城市要有适当的比例尺度。城市美一定程度上反映在城市尺度的均衡、功能与形式的统一。

（3）城市空间景观的组织。城市中心和干路的空间布局都是形成城市景观的重点，是反映城市面貌和个性的重要因素。城市总体布局应通过对节点、路径、界面、标志的有效组织，创造出具有特色的城市中心和城市干路的艺术风貌。

（4）城市轴线是组织城市空间的重要手段。通过轴线，可以把城市空间组成一个有秩序、有规律的整体，以突出城市的序列和秩序感。

（5）继承历史传统，突出地方特色。在城市总体布局中，要充分考虑每个城市的历史传统和地方特色，保护好有历史文化价值的建筑、建筑群、历史街区，使其融入城市空间环境中，创造独特的城市环境和形象。

二、主要城市建设用地规模与相互关系确定

1. 主要城市建设用地规模的确定

城市用地布局就是各种不同的城市活动的具体要求，为其提供规模适当、位置合理的土地。为此，首先应估算出城市中各类用地的规模以及各自之间的相对比例，按照各自对区位的需求，综合协调并形成总体布局方案。

城市用地规模的确定可以采用两种方法确定：一是按照人均用地标准计算总用地规模后，在主要用地种类之间按照一定比例进一步划分的方法；二是通过调查获得的标准土地

利用强度乘以各种城市活动的预测量分项计算，然后累加的方法。

影响不同类型城市用地规模的因素是不同的，即不同用途的城市用地在不同城市中变化的规律和变化的幅度是不同的。例如，影响居住用地规模的因素相对单纯并且易于把握。在国家大的土地政策、经济水平以及居住模式一定的前提下，采用通过统计得出的数据，结合人口规模的预测，很容易计算出城市在未来某一时点所需居住用地的总体规模。

相对于居住用地而言，工业用地规模的计算可能要复杂些，一般从两个角度出发进行预测：一个是按照各主要工业门类的产值预测和该门类工业单位产值所需用地规模来推算；另一个是按照各工业门类的职工数与该门类工业人均用地面积来计算。其中，城市主导产业的变化，劳动生产率的提高、工业工艺的改变等因素均会对工业用地的规模产生较大的影响。

商业商务用地规模的准确预测最为困难。这不仅因为该类用地对市场的需求更为敏感，变化周期较短，而且其总规模与城市性质、服务对象的范围、当地的消费习惯等因素有关，难以以城市人口规模作为预测的依据。同时，商业服务功能还大量存在于商业、居住、工业等复合型土地利用形态中。规划中通常采用将商务、批发商业、零售业、娱乐服务业用地等分别计算的方法。

城市中的道路、公园、基础设施等公共设施的用地可以按照城市总用地规模的一定比例计算出来。例如，在目前我国的城市中，道路广场用地与公园绿地的面积分别占城市总用地的8%—15%。

此外，城市中还有些目的较为特殊但占地规模较大的用地，其规模只能按实际需要逐项计算。例如，对外交通用地，尤其是机场、港口用地，教育科研用地，用于军事、外事等目的特殊用地等。

城市用地规模是一个随时间变化的动态指标。通过预测所获得的用地规模只是对未来某个时间点所作出的大致估计。在城市实际发展过程中，不但各种用地之间的比例随时间变化，而且达到预测规模的时间点也会提前或延迟。

2. 主要城市建设用地位置及相互关系确定

在各种主要城市用地的规模大致确定后，需要将其落实到具体的空间中去。城市规划需要按照各类城市用地的分布规律，并结合规划所执行的政策与方针，明确提出城市用地布局的方案，同时进一步寻求相应的实施措施。通常影响各种城市用地的位置及其相互关系的主要因素可以归纳为以下几种。

（1）各种用地所承载的功能对用地的要求。例如，居住用地要求具有良好的环境，商业用地要求交通设施完善等。

（2）各种用地的经济承受能力。在市场环境下，各种用地所处的位置及其相互之间的关系主要受经济因素的影响。对地租承受能力强的用地种类，例如商业用地在区位竞争中通常处于有利地位。当商业用地规模需要扩大时，往往会侵入其临近的其他种类的用地，并取而代之。

（3）各种用地之间的相互关系。由于各种城市用地所承载的功能之间存在相互吸引、排斥、关联等不同的关系，城市用地之间也会相应地反映出这种关系。例如大片集中的居住用地会吸引为居民日常生活服务的商业用地，而排斥有污染的工业用地或其他对环境有影响的用地。

（4）规划因素。虽然城市规划需要研究和掌握在市场作用下各类城市用地的分布规律，但这并不意味着对不同性质用地之间自由竞争的放任。城市规划所体现的基本精神恰恰是政府对市场经济的有限干预，以保证城市整体的公平、健康和有序。

三、居住用地布局

居住用地是承担居住功能和生活活动的场所，随着城市功能的拓展，其概念已经上升到人居环境的层面。因此，选择适宜、恰当的用地，并处理好与其他类别用地的关系，同时确定居住功能的组织结构，配置相应的公共服务设施系统，创造良好的居住环境，是城市规划的目标之一。

（一）居住用地的组成

在居住用地中，除了直接建设各类住宅的用地外，还有为住宅服务的各种配套设施用地。例如，居住区内的道路，为社区服务的公园、幼儿园以及商业服务设施用地等。因此，城市总体规划中的居住用地按国标《城市用地分类与规划建设用地标准》（GB50137-2011）规定，是指住宅和相应服务设施用地。

（二）居住用地指标

居住用地指标主要由两方面来表达：一是居住用地占整个城市用地的比重；二是居住用地的分级以及各项内容的用地分配与标准。

1. 影响因素

（1）城市规模在居住用地占城市总用地的比重方面，一般是大城市因工业、交通、公共设施等用地较之小城市的比重要高，相对地居住用地比重会低些，同时也由于大城市可能建造较多高层住宅，人均居住用地指标会比小城市低些。

（2）城市性质一般老城市建筑层数较低，居住用地所占城市用地的比重会高些；而新兴城市，因产业占地较大，居住用地比重就比较低。

（3）自然条件如在丘陵或水网地区，会因土地可利用率低，需要增加居住用地的数量，加大该项用地的比重。此外，在不同纬度的地区，为保证住宅必要的日照间距会影响到居住用地的标准。

（4）城市用地标准因城市社会经济发展水平不同，加上房地产市场的需求状况不一，也会影响到住宅建设标准和居住用地指标。

2. **用地指标**

（1）居住用地的比重国标《城市用地分类与规划建设用地标准》（GB50137-2011）规定，居住用地占城市建设用地的比例为25%—40%，可根据城市具体情况取值。如大城市可能偏于低值，小城市可能接近高值。在一些居住用地比值偏高的城市，随着城市发展，道路、公共设施等相对用地增大，居住用地的比重会逐步降低。

（2）居住用地人均指标国标《城市用地分类与规划建设用地标准》（GB50137-2011）规定，人均居住用地指标为23.0—38.0m²。

（三）居住用地的规划布局

1. *居住用地的选择*

居住用地的选择关系到城市的功能布局，居民的生活质量与环境质量、建设经济与开发效益等多个方面。一般应考虑以下几个方面要求：

（1）选择自然环境优良的地区，有适合的地下与工程地质条件，避免选择易受洪水、地震灾害和滑坡、沼泽、风口等不良条件的地区。在丘陵地区，宜选择向阳、通风的坡面。在可能的情况下，尽量接近水面和风景优美的环境。

（2）居住用地选择应协调与城市就业区和商业中心等功能地域的相互关系，以减少工作、居住、消费的出行距离与时间。

（3）居住用地选择要十分注重用地自身及用地周边的环境影响。在接近工业区时，要选择在常年主导风向的上风向，并按环境保护等法律规定保持必要的防护距离，为营造卫生、安宁的居住生活空间提供环境保证。

（4）居住用地选择应有适宜的规模与用地形状，从而合理组织居住生活、经济有效地配置公共服务设施等。合适的用地形状将有利于居住区的空间组织和建设工程的经济合理。

（5）在城市外围选择方面要注意留有余地。在居住用地与产业用地相配合一体安排时，要考虑相互发展的趋势与需要，如产业有一定发展潜力与可能时，居住用地应有相应的发展安排与空间准备。

2. *居住用地的规划布局*

城市居住用地在总体布局中的分布，主要有以下方式：

（1）集中布置。当城市规模不大，有足够的用地且在用地范围内无自然或人为的障碍，而可以成片紧凑地组织用地时，常采用这种布置方式。用地的集中布置可节约城市市政建设投资，密切关注城市各部分在空间上的联系，在便利交通、减少能耗、时耗等方面可获得较好的效果。但在城市规模较大、居住用地过于大片密集布置，可能会造成上下班出行距离增加，疏远居住与自然的联系，影响居住生态质量等诸多问题。

（2）分散布置。当城市用地受到地形等自然条件的限制或因城市的产业分布和道路交通设施布局的影响时，居住用地可采取分散布置。前者如丘陵地区，居住用地沿多条谷地展开；后者如矿区城市，居住用地与采矿点相伴而分散布置。

（3）轴向布置。当城市用地以中心城市为核心，沿着多条由中心向外围放射的交通干线发展时，居住用地依托交通干线，在适宜的出行距离范围内，赋以一定的组合形态，并逐步延展。如有的城市因轨道交通的建设，带动了沿线房地产业的发展，居住区在沿线集结，呈轴线发展态势。

四、公共设施用地布局

城市公共设施是以公共利益和设施的可公共使用为基本特性。公共设施的内容与规模在一定程度上反映出城市的性质、城市的物质生活与文化生活水平和城市的文明程度。

（一）公共设施用地的指标

公共设施指标的确定，是城市规划技术经济工作的重要内容之一。它关系到居民的生活，同时对城市建设经济也有一定影响。特别是一些大量性公共设施和大型公共设施，对指标确定的得当与否更有重要的经济意义。

1. 公共设施用地规模的影响因素

影响城市公共设施用地规模的因素较为复杂，很难确切地预测，而且城市之间存在较大的差异，无法一概而论。在城市总体规划阶段，公共设施的用地规模通常不包括与市民日常生活关系密切的设施的用地规模，而将其计入居住用地的规模，例如居住区内的小型超市、洗衣店、美容院等商业服务设施用地。

影响城市公共设施用地规模的因素主要有以下几个方面：

（1）城市性质、规模及城市布局的特点

城市性质不同，公共设施的内容及其指标应随之而异。如一些省会或地、县等行政中心城市，机关、团体、招待所以及会堂等设施数量较多，在旅游城市或交通枢纽城市，则需为游客设置较多的旅馆、饭店等服务机构，因而相对地公共设施指标就要高一些。城市规模大小影响到公共设施指标的确定。规模较大的城市，公共设施的项目比较齐备，专业分工较细，规模相应较大，因而指标就比较高；而小城市，公共设施项目少，专业分工不细，规模相应较小，因而指标就比较低。但是在一些独立的工矿小城镇，为了周围农村服务的需要，而考虑设施配备齐全，公共设施的指标又可能比较高。当城市空间布局不是集中成团状，而是成组群或是带状分布时，公共设施配置较为分散，但有些公共设施又必须具有基本的规模，这样就需要适当地提高指标。

（2）经济条件和人民生活水平

公共设施指标的拟定要从国家和所在城市的经济条件和人民生活实际需要出发。如果所定指标超越了现实或规划期内的经济条件和人民生活的需要，会影响居民对公共设施的实际使用、造成浪费。如果盲目地降低应有的指标，不能满足群众正当的生活要求，会造成群众生活的不便。

（3）社会生活的组织方式

城市生活随着社会的发展，而不断地充实和变化。一些新的设施项目的出现以及原有设施内容与服务方式的改变，都将需要对有关指标进行适时的调整或重新拟定。

（4）生活习惯的要求

我国地域辽阔，自然地理条件迥异，又是多民族的国家，因而各地有着不同的生活习惯。反映在对各地公共设施的设置项目、规模及其指标的制订上，应有所不同。例如南方多茶楼、游泳池等户外活动的项目，北方则多室内商场和市场，有的城市居民对体育运动特别爱好，有的小城市须有较多供集市贸易的设施。因此，有关设施的指标就应该因地制宜，有所不同。

2. 公共设施用地规模的确定

确定城市公共设施的用地规模，要从城市对公共设施设置的目的、功能要求、分布特点、城市经济条件和现状基础等多方面进行分析研究，综合地加以考虑。

（1）根据人口规模推算

通过对不同类型城市现状公共设施用地规模与城市人口规模的统计比较，可以得出该类用地与人口规模之间关系的函数或者是人均用地规模指标。

（2）根据各专业系统和有关部门的规定来确定。有一些公共设施，如银行、邮局、医疗、商业、公安部门等，由于它们业务与管理的需要自成系统，并各自规定了一套具体的建筑与用地指标。这些指标是从其经营管理的经济与合理性来考虑的。

（3）根据地方的特殊需要，通过调研按需确定。在一些自然条件特殊、少数民族地区，或是特有的民俗民风地区的城市，某些公共设施需要通过调查研究，予以专门设置，并拟定适当指标。

此外，公共设施的组织与经营方式及其技术设备的改革、服务效率的提高，对远期公共设施指标的拟定也会带来影响，应予以考虑。

（二）公共设施用地规划布局

城市公共设施的布局在不同的规划阶段，有着不同的布局方式和深度要求。总体规划阶段，在研究确定城市公共设施总量指标和分类分项指标基础上，进行公共设施用地的总体布局，包括不同类别公共设施分级集聚并组织城市不同层级的公共中心。在具体落实各种公共活动用地时，一般应遵循以下几条原则。

1. 建立符合客观规律的完整体系

公共设施用地，尤其是商务办公、商业服务等主要因市场因素变化的用地，其规划布局必须充分遵循其分布的客观规律。同时，结合其他用地种类，特别是居住用地的布局，安排好各个级别设施的用地，以利于商业服务设施网络的形成。

2. 采用合理的服务半径

根据服务半径确定其服务范围大小及服务人数多少，依次推算公共设施的规模。服务半径的确定首先是从居民对设施方便使用的要求出发，同时也要考虑到公共设施经营管理的经济性与合理性。不同的设施有不同的服务半径。某项公共设施服务半径的大小，又将随它的使用频率、服务对象、地形条件、交通的便利程度以及人口密度的高低等而有所不同。如小学服务半径通常以不超过500m为宜。在人口密度较低的地区，考虑到学校经营管理的经济性与合理性、学校合理规模的要求，服务半径可以定得大一点，反之，可小些。

3. 与城市交通系统相适应

大部分全市性的公共设施用地均需要位于交通条件良好、人流集中的地区。城市公共设施用地布局需要结合城市交通系统规划进行，并注意到不同交通体系所带来的影响。在轨道公共交通较为发达的大城市中，位于城市中心的交通枢纽，如换乘站、地铁车站周围通常是安排公共活动用地的理想区。而在以汽车交通为主的城市中，城市干道两侧、交叉口附近、高速公路出入口附近等区位更适合布置公共设施用地。此外，社区设施用地的布局也要根据城市干道系统的规划，结合区内步行系统组织进行。

4. 考虑对形成城市景观的影响

公共设施种类多，而且建筑的形体和立面也比较多样而丰富。因此可通过不同的公共设施和其他建筑的协调处理与布置，利用地形等其他条件，组织街景与景点，以创造具有地方风貌的城市景观。

5. 与城市发展保持动态同步

公共设施用地布局还要考虑到对现有同类用地的利用和衔接以及伴随城市发展分期实施的问题，使该类用地的布局不仅在城市发展的远期趋于合理，同时也要与城市发展保持动态同步。

五、工业用地布局

工业是近现代城市产生与发展的根本原因。对于正处在工业化时期的我国大部分城市而言，工业不仅是城市经济发展的支柱与动力，同时也是提供大量就业岗位、接纳劳动力的主体。工业生产活动通常占用城市中大面积的土地，伴随着包括原材料与产品运输在内的货运交通以及职工通勤为主的人流交通，同时还在不同程度上产生影响城市环境的废气、废水、废物和噪声。因此，工业用地布局既要能满足工业发展的要求，又要有利于城市本身健康的发展。

1. 根据工业生产自身的特点，通常工业生产的用地必须具备以下几个条件：

（1）地形地貌、工程、水文地质、形状与规模方面的条件。工业用地通常需要较为平坦的用地（坡度 =0.5%—2%），具有一定的承载力（1.5kg/cm²），并且没有被洪水淹没的危险，地块的形状与尺寸也应满足生产工艺流程的要求。

（2）水源及能源供应条件。可获得足够的符合工业生产需要的水源及能源供应，特别对于需要消耗大量水或电力、热力等能源的工业门类尤为重要。

（3）交通运输条件。靠近公路、铁路、航运码头甚至是机场，便于大宗货物的低价运输。当货物运输量达到一定程度时（运输量≥10万t/年或单件在5t以上）可考虑铺设铁路专用线。

（4）其他条件。与城市居住区之间应有通畅的道路以及便捷的公共交通手段，此外，工业用地还应避开生态敏感地区以及各种战略性设施。

2. 工业用地的类型与规模

工业用地的规模通常被认为是在工业区就业人口的函数或者是工业产值的函数。但是不同种类的工业，其人均用地规模以及单位产值的用地规模是不同的，有时甚至相差很大。例如，电子、服装等劳动密集型的工业不但人均所需厂房面积较小，而且厂房本身也可以是多层的；而在冶金、化工等重工业中，人均占地面积就要大得多。同时随着工业自动化程度的不断提高，劳动者人均用地规模呈不断增长的趋势。因此，在考虑工业用地规模时，通常按照工业性质进行分类，例如，冶金、电力、燃料、机械、化工、建材、电子、纺织等；而在考虑工业用地布局时则更倾向于按照工业污染程度进行分类，例如，一般工业、有一定干扰和污染的工业、有严重干扰和污染的工业以及隔离工业等。事实上，这两种分类之间存在一定的关联。在我国现行用地分类标准中，工业用地按照其产生污染和干扰的程度，被分为由轻到重的一、二、三类。同时，工业用地在城市建设用地中的比例为15%—30%。

3. 工业用地对城市环境的影响

在工业生产过程中产生的污染物对周围其他用地，尤其是居住用地造成不同程度的影响。因此，工业用地的布局应尽量减少对其他种类用地的影响。通常采用的措施有以下几种。

（1）将易造成大气污染的工业用地布置在城市下风向。根据城市主导风向并在考虑风速、季节、地形局部环流等因素的基础上，尽可能地将大量排出废气的工业用地安排在城市下风向且大气流动通畅的地带，排放大量废气的工业不宜集中布置，以利于废气的扩散，避免有害气体的相互作用。

（2）将易造成水体污染的工业用地布置在城市下游。为了便于工业污水的集中处理，在规划中可将大量排放污水的企业相对集中布置，便于联合无害化处理和回收利用。处理后的污水也应通过城市排水系统统一排放至城市下游。

（3）在工业用地周围设置绿化隔离带。事实证明，达到一定宽度的绿化隔离带不但可以降低工业废气对周围的影响，也可以达到阻隔噪音的作用。易燃、易爆工业周围的绿化隔离带还是保障安全的必要措施。

一方面居住用地对工业污染的敏感程度最高，所以从避免污染和干扰的角度看，居住用地应远离工业用地；但另一方面二者因职工通勤又需要相对接近。因此就近通勤与减缓污染成为居住用地与工业用地布局中的一对矛盾。

4. 工业用地的选址

工业用地选址的要素除去我们前面所讲到的工业用地自身的特点外，还应考虑它与周围用地是否兼容，并有进一步发展的空间。按照工业用地在城市中的相对位置可分为三种类型。

（1）城市中的工业用地。通常无污染、运量小、劳动力密集、附加值高的工业趋于以较为分散的形式分布于城市之中，与其他种类用地相间，形成混合用途的地区。

（2）位于城市边缘的工业用地。占地与运输量较大、对城市有一定污染和干扰的工业更多选择城市边缘地区，形成相对集中的工业区。这样一方面可以获得廉价的土地和扩展的可能；另一方面可以避免与其他种类的用地之间产生矛盾。这样的工业区在城市中可能有数个。

（3）独立存在的工业用地。因资源分布、土地利用的制约甚至是政策因素，一部分工业用地选择与城市有一定距离的地段，形成独立的工业用地、工业组团或工业区。例如矿业城市中的各采矿组团、作为开发区的工业园区等。当独立存在的工业用地形成一定规模时，就需安排配套生活用地以及通往主城区的交通干线。

5. 工业用地在城市中的布局

根据利于生产、方便生活且为将来发展留有余地、为城市发展减少障碍的原则，城市土地利用规划应从各个城市的实际出发，选择适宜的形式安排土地利用布局。除与其他种类用地交错布局形成混合用途中的工业用地外，常见的相对集中的工业用地布局形式有以下几种：

（1）工业用地位于城市特定地区

工业用地相对集中地位于城市某一方位上，形成工业区或者分布于城市周边。通常中小城市中的工业用地多呈此种形态布局，特点是总体规模较小，与生活居住用地之间具有较密切的联系，但容易造成污染，且当城市进一步发展时，有可能形成工业用地与生活居住用地相间的情况。

（2）工业用地与其他用地形成组团

由于地形条件原因或者城市发展的时间积累，工业用地与生活居住用地共同形成了相对明确的功能组团。这种情况常见于大城市或山地丘陵城市，其优点是一定程度上平衡了组团内的就业与居住，但同时工业用地与居住用地之间又存在交叉布局的情况，不利于局部污染的防范。城市整体的污染防范可以通过调整各组团中的工业门类来实现。

（3）工业园或独立的工业卫星城

工业园或独立的工业组团，通常有相对较为完备配套生活居住用地，基本上可以做到不依赖主城区，但与主城区有快速便捷的交通联系。如北京的亦庄经济技术开发区，上海的宝山、金山、松江等卫星城镇。

（4）工业地带

当某一区域内的工业城市数量、密度与规模发展到一定程度时，就形成了工业地带。这些工业城市之间分工合作，联系密切，但各自独立并相对对等。德国著名的鲁尔地区在20世纪80年代期间就是一种典型的工业地带。事实上，对工业地带中工业及相关用地规划布局已不属于城市规划的范畴，而更倾向于区域规划所应解决的问题。

六、物流仓储用地布局

随着经济全球化和现代高新技术的迅猛发展，现代物流在世界范围内获得迅速发展，成为极具增长前景的新兴产业。由于物流、仓储与货运存在关联性和与兼容性，国标《城市用地分类与规划建设用地标准》（GB50137-2011）设立物流仓储用地，并按其对居住和公共环境的影响的干扰污染程度分为三类。

1. 物流仓储用地的分类

这里所指的物流仓储用地包括物资储备中转、配送、批发、交易等用地，包括大型批发市场以及货运公司车队的站场（不包括加工）等用地。按照我国现行的城市用地标准，物流仓储用地被分为：一类物流仓储用地；二类物流仓储用地；三类物流仓储用地。

2. 物流仓储用地在城市中的布局

物流仓储用地的布局通常从物流仓储功能对用地条件的要求以及与城市活动的关系这两个方面来考虑。首先，用作物流仓储的用地必须满足一定的条件，例如，地势较高且平坦，但有利于排水的坡度、地下水位低、地基承载力强、具有便利的交通运输条件等。其次，不同类型的物流仓储用地应安排在不同的区位中。其原则是与城市关系密切，为本市服务的物流仓储设施，例如综合性物流中心、专业性物流中心等应布置在靠近服务对象、与市内交通系统联系紧密的地段；对于与本市经常性生产生活活动关系不大的物流仓储设施，例如战略性储备仓库、中转仓库等，可结合对外交通设施布置在城市郊区。因仓库用地对周围环境有一定的影响，规划中应使其与居住用地之间保持一定的卫生防护距离。此外，危险品仓库应单独设置，并与城市其他用地之间保持足够的安全防护距离。

七、城市绿地布局

1. 城市绿地系统的组织

城市绿地指以自然植被和人工植被为主要存在形态的城市用地。它是城市用地的重要组成部分，也是城市自然环境的构成要素。城市绿地系统要结合用地自然条件分析，有机组织，一般遵循以下原则：

（1）内外结合，形成系统。以自然的河流、山脉、带状绿地为纽带，对内联系各类城市绿化用地，对外与大面积森林、农田以及生态保护区密切结合，形成内外结合、相互分工的绿色有机整体。

（2）均衡分布，有机构成城市绿地系统。绿地要适应不同人群的需要，要兼顾共享、均衡和就近分布等原则。居民的休息与游乐场所，包括各种公共绿地、文化娱乐设施和体育设施等，应合理地分散组织在城市中，最大程度地方便居民使用。

（3）远景目标与近期建设相结合，城市绿地系统规划必须先于城市发展或至少与城市发展同步进行。规划要从全局利益及长远观点出发，按照"先绿后好"的原则，提高规划目标，同时做到按照规划，分期、分批，有步骤、按计划实施。

2. 城市开放空间体系的布局

城市的绿地、公园、道路广场以及周边的自然空间共同组成了城市的开敞空间系统。开敞空间不仅是城市空间的组成部分，也要从生态、舒适度、教育以及文化等多方面加以评价。1990年代，伦敦提出将建立开敞空间系统作为上个绿色战略，而不仅仅是一个公园体系。

城市开敞空间体系的具体布局方式有多种形式，如绿心、走廊、网状、楔形、环状等。如德国科隆的环状加放射状结合的开敞空间系统；大伦敦绿环内的开敞空间系统；在印度昌迪加尔城规划方案中，通过方格网和宽窄变化的公园网络组成相互叠合的网络结构。

八、城市规划的编制

（一）城市规划的编制主体、要求及原则

1. 城市规划编制的主体

城市规划法应该由谁来编制？谁有资格进行城市规划的编制工作？《中华人民共和国城乡规划法》第十二条规定国务院城乡规划主管部门会同国务院有关部门组织编制全国城镇体系规划，用于指导省域城镇体系规划、城市总体规划的编制。全国城镇体系规划由国务院城乡规划主管部门报国务院审批。城市规划编制应当在市政府的领导下，由城乡规划组织编制机关委托具有相应资质等级的单位承担城乡规划的具体编制工作。在规划编制过

程中，组织编制机关应当依法将城乡规划草案予以公告，并采取论证会、听证会或者其他方式征求专家和公众的意见。县级以上地方人民政府有关主管部门应当根据编制城乡规划的需要，及时提供有关基础资料。几经修改、补充、改善，城市规划编制成果还必须依法通过同级人民代表大会或者其常务委员会同意后，充分考虑专家和公众的意见，并在报送审批的材料中附有意见采纳情况及理由，才能由城乡规划组织编制机关报上级机关审批。

在实际操作中，城市规划编制工作通常由以下三类人员或机构参与：

（1）政府部门。通常提出编制城市规划的计划组织技术力量、提供必要的经费，是规划编制的主体。

（2）市民团体及个人。代表社会各阶层以及各利益集团的要求，对规划内容实施影响。在公众参与意识发达的民主社会中，通常是影响城市规划内容的重要力量。

（3）城市规划专业人员。为城市规划方案的提出与选择提供专业知识、技术咨询的专业化集团。

2. 城市规划编制的要求

城市规划是政府调控城市空间资源、指导城乡发展与建设、维护社会公平、保障公共安全和公众利益的重要公共政策之一。

编制城市规划应当以科学发展观为指导，以构建社会主义和谐社会为基本目标，坚持五个统筹，坚持我国特色的城镇化道路，坚持节约和集约利用资源，保护生态环境，保护人文资源，尊重历史文化，坚持因地制宜确定城市发展目标与战略，促进城市全面协调可持续发展。

城市规划的编制还应当考虑人民群众的需要，改善人居环境，方便群众的生活，充分关注中低收入人群，扶助弱势群体，促进维护社会稳定和公共安全。

编制城市规划应当坚持政府组织、专家领衔、部门合作、公众参与、科学决策的原则。

城市规划的编制应妥善处理好城乡关系，积极引导城镇化的健康发展，体现布局合理、资源节约、环境友好的原则，保护自然与文化资源，突出城市特色，充分考虑城市安全和国防建设需要。

对涉及城市发展长期保障的资源利用和环境保护、区域协调发展、风景名胜资源管理、自然与文化遗产保护、公共安全和公众利益等方面的内容，应当确定为必须严格执行的强制性内容。

城市规划成果的表达应当清晰、规范，成果文件、图片与附件中说明、专题研究、分析图纸等表达应当有所区分。

城市规划成果文件应当以书面和电子文件两种方式表达。

城市规划编制单位应当严格依据法律、法规的规定编制城市规划，提交的规划成果应当符合城市规划编制办法和国家有关标准。

3. 城市规划编制的原则

从总体上说，城市规划编制应以科学发展观为指导，实现以下几个方面的和谐统一：

（1）人工环境与自然环境的和谐统一。保护生态环境、合理使用土地、节约利用资源、实现可持续发展。

（2）历史环境与未来环境的和谐统一。既保持城市发展过程中的历史延续性，保护文化遗产和传统生活方式，又促进新技术在城市发展中的应用。

（3）城市环境中各社会集团之间社会生活的和谐统一。为城市中的所有居民创造健康的城市社会生活，为弱势集团（老年人、残疾人）提供保障。

强调不同文化背景和社会集团之间的和谐，避免城市范围内不同社会空间的强烈分割和对抗，最终实现全社会的和谐发展。

城市规划编制的基本原则主要有：

（1）应当满足发展生产、繁荣经济、保护生态环境、改善市容景观、促进科技文教事业发展、加强精神文明建设等要求，统筹兼顾，综合部署，力求取得经济效益、社会效益、环境效益的统一。

（2）应当贯彻城乡结合，促进流通、有利生产、方便生活的原则，改善投资环境，提高居住质量，优化城市布局结构，适应改革开放需要，促进规模经济持续、稳定、协调发展。

（3）应当满足城市防火、防爆、防洪、防泥石流以及治安、交通管理和人民防空等要求，特别是可能发生强烈地震和洪水灾害的地区，必须在规划中采取相应的抗震和防洪措施，保障城市安全和社会安定。

（4）应当注意保护优秀历史文化遗产，保护具有重要历史意义、革命纪念意义、科学和艺术价值的文化古迹、风景名胜和传统街区，保持民族传统和地方风貌，充分体现城市各自的特色。

（5）城市规划应当贯彻合理用地、节约用地的原则。根据国家和地方有关技术标准、规范以及实际使用要求，合理利用城市土地，提高土地开发经营的综合效益；在合理用地的前提下，应当十分重视节约用地，城市的建设和发展应当尽量利用荒地、劣地，少占耕地、菜地、园地和林地。

（二）城市规划的调查、分析

1. 城市规划的调查

任何理性的决策与分析都是建立在一定的调查研究的基础上，城市规划也不例外，对规划区域基本情况的调查是城市规划的基础和前提，它贯穿于城市规划编制工作的全过程，包括规划前期阶段的集中调研，规划方案的编制、修改过程中的补充调研。通过调查，可以弄清楚城市发展的自然、社会、历史、文化背景以及经济发展状况和生态条件，从而找出城市发展中拟解决的主要矛盾和问题，为合理规划做好充分的前期工作。城市规划涉及面非常广，需要用到的资料和所需掌握的信息也非常多，具体资料的调查方法与其目的和对象是密不可分的，主要的技术方法有文献调研法、问卷调查法、访谈调查法和现场勘察法等几种形式。

（1）文献调研法

在进行城市规划时，要用到众多的现有资料，对现有文献资料的收集整理是城市规划调查的重要方法。

主要收集调查的资料包括国家和地方的社会经济和环境方面的统计年鉴等资料，人口、自然资源、城市土地利用的状况、社会经济等各类普查资料，城市历史资料、对外和市内交通现状、政府文件以及其他相应的档案文件。收集的资料除了文字类资料之外，还应收集已有的图形文件，例如，地形图、近期的各类规划图纸（包括不同行业的规划图）。

针对不同的资料，其获得的来源也各异，传统的资料，如温度、湿度、降水、风象、日照等气象资料，水位流量、洪水防洪、流域规划等水文资料，可以通过从书店购买、网上搜集、图书馆查阅等方法获得，如城市的文物古迹、优秀近代建筑、近期各类规划等可以向规划部门和主管部门索取。有些资料则必须采用一些新的现代手段获得，例如通过遥感、GIS（地理信息系统）、互联网等渠道获得。必要时，也需收集城市相邻地区的有关资料。

（2）问卷调查法

通过问卷调查的方法收集资料，可以了解个人、企事业单位、社会团体等对于城市规划方案的想法、看法和意愿，也可能会获得有价值的政策建议，问卷调查法是收集第一手资料的有效手段，是文献调研收集资料的补充手段。

问卷调查的方式也有很多种，例如邮件问卷、派发问卷等。可以是直接与问卷对象交流，也可通过间接的方法获取资料。

（3）访谈调查法

访谈调查法的具体形式可以是通过电话访谈或者直接访谈，都可以达到预期效果。可以是一对一的访谈，也可以是一对多、多对多的集体访谈，比如说采取专题讨论会。

通过访谈方式进行调查与问卷方法有相似之处，也有其不同的一面。相同之处是两种方法都可以了解调查对象对城市规划的想法和意见。不同之处是问卷方法只能是从设计好的问卷表格中获取想知道的内容，而访谈的方式则没有这个限制，可以通过交流谈话及时调整感兴趣的内容。

（4）现场勘察法

现场勘察是城市规划调查中常用的方法之一，它主要是针对城市的概貌、新区旧区重要工程、土地利用状况、工程地质、地基承载力、地震水文地质以及交通流量等进行现场踏勘与记录。

在必要的情况下，还必须通过测量的方法，对地形图、高程、地下管网进行实地勘测。

2. 城市规划的分析

(1) SWOT 分析法

SWOT 分析法是战略规划研究的一种分析技术，始创于 20 世纪 50 年代。由于它简洁实用，因此在许多管理学科的相关研究领域得到了广泛的应用。

最初，SWOT 分析法是对于企业的优势（Strength）、限制（Weakness）、机遇（Opportunity）和挑战（Threat）的分析，为企业的管理和市场营销战略的制订提供客观全面的依据。20 世纪 90 年代以后，SWOT 分析法逐渐应用于其他学科和领域，如国土资源规划、城市战略发展规划、旅游规划等。

SWOT 分析方法强调在规划编制中，全面考虑规划所要解决的问题、达到的目标，并由此形成各种战略方案，通过分析比较选出最佳方案。首先确定总体使命和目标，通过环境分析、选择关键问题，制订战略行动计划和实施的战略调整政策。

城市规划中的 SWOT 分析，应以既定的目标为导向，有针对性地进行城市规划各要素的罗列与分析、并归纳形成战略。然后，用 SWOT 分析形成的战略对既定目标进行校验，如果能够较好地实现目标，则战略体系可以就此确定下来；如果生成的战略不能有助于目标的实现，那么就需重新进行 SWOT 分析，对各要素重新整合以生成新的战略，进而再次用目标进行校验，直至生成较为圆满的战略。

如果反复进行战略的生成仍然难以实现预期的目标，则说明目标的确定存在一定的问题，那么可能需要对目标进行适当的调整。SWOT 分析法包括要素分析、要素归纳与交叉分析、战术生成、战略体系形成及校验等基本步骤。

在 SWOT 分析法的四大基本要素中，优势和限制反映的是规划地区自身所具有的长处和存在的不足，通常称为内部因素。优势既包括客观条件上的特色优势，也包括通过主观努力可以形成的类比优势，还包括外部人为因素所构成的注入因素。限制既包括客观条件上的限制，也包括实践中尚存在的弱点和需要克服的问题，还包括外部人为因素所构成的制约。机遇和挑战是指规划地区所面临的外界的有利形势和不利因素。机遇既包括外部条件注入所提供的机会，也包括发挥自身优势可以创造的机会。挑战，也可称之为威胁，既包括外部可能存在的不利因素，也包括内部处理不当可能产生的不利因素。

(2) 空间分析法

城市发展资源的空间配置是城市规划的核心所在。在开展城市规划的工作中，对空间现象进行分析是必不可少的内容之一，其中包括对空间分布和空间作用的分析两种类型。

不同的空间对象，其分布的形式有多种多样。例如，学校、交通枢纽、医院等要素以点状的形式分布，公路、铁路、轨道交通线路等道路要素以线状形式分布，而像人口等要素则主要以面状的形式分布。对于不同的分布形式，可分别采用不同的测试分析方法进行分析。空间分析的手段可以采取代数计算方法或者采用空间几何分析的方法，借助地理信息系统（GIS）技术、遥感（RS）技术进行分析。

地理信息系统技术在城市规划的分析中正在发挥越来越重要的作用，目前已经有许多成熟的商业化通用地理信息系统软件可用，如美国 ESRI 公司开发的 ArcGIS 系列软件、美国 MapInfo 公司开发的 MapInfo Professional 系列软件以及我国自行研究开发的 MapGIS 系列软件和 SuperMap 系列软件等。

（3）因果分析法

城市总体规划分析中牵涉的因素繁多，为了全面考虑问题，提出解决问题的方法，往往先尽可能多地排列出相关因素，然后发现主要因素，找出因果关系。例如，在确定城市性质时城市特点的分析，确定城市发展方向时城市功能与自然地理环境的分析等。

（4）相关分析法

城市发展中的各种要素彼此之间存在着各种各样的关系，是密不可分的，可以通过测定它们之间的相关关系来分析它们之间的依赖与影响程度。如人口分布与公共基础设施配套之间的相关关系，土地开发强度与交通网络的分布之间的相关关系等。

（5）统计分析法

城市规划中的统计分析法是将调查所得到的数据进行必要的整理和分析，从而揭示出系统的某些规律性，为城市规划方案的制订提供必要的、有针对性的信息。其中较常见的是描述性统计分析，其目的是用简单的形式提炼出大量数据资料所包括的基本信息。

①频数和频率分析

频数分析是指一组数据中取不同值的个案的次数分布情况，它一般以频数分析表的形式表达，在规划调查中经常有调查的数据是连续分布的情况，如人均住房面积，一般是按照一个区间来统计的。

所谓频率分析，则是一组数据中不同取值的频数相对于总数的比率分布情况，一般以百分率的形式表达。频率分析表可以十分方便地用于不同总体或不同类别之间的比较，因此这种分析表的使用非常普遍。

②集中量数分析

集中量数分析指的是用一个典型的值来反映一组数据的一般水平，或者说反映这组数据向这个典型值集中的情况，最常见的有算术平均值、众数和中位数三种。

（三）城市战略规划

城市战略规划是对城市发展的长期战略目标及空间框架所做的一系列研究，具有目标导向性明确和时间跨度大的特点。21 世纪以来，我国城市规划学界加强了关于城市发展战略规划的研究和探索。城市发展战略的研究，重点是要解决未来发展中带有方向性、战略性的问题，如城市性质和职能等。加强战略规划研究，对提高城市规划的质量、充分发挥城市规划对城市建设和发展的指导作用，具有极为重要的理论和实践意义。

1. 国外城市战略规划

英国在1971年修订了城乡规划法，肯定了结构规划（Structure Plan），或称战略规划。结构规划是战略性的规划构思，着眼点更远，涉及面更广。它对发展目标、方向、重大空间布局和基础设施做结构性安排，是一套带有示意图的城市发展政策文件。结构规划包括地图和控制性图纸（Key Diagram），还有说明书。如考文垂城市结构规划的控制性图纸表明了城市的用地、主要交通线以及有关政策。其中标有保留地区、重建地区、环境改良地区及加强处理地区。这些都是图解式的，没有详细标明精确的界线，这给了局部规划更大的处理空间。整个控制性图纸是没有比例的，但图形是准确的，因为它是战略的轮廓，不是土地使用规划。

2004年5月，英国议会与皇室批准了新的城乡规划法（《规划与强制收购法》），区域空间战略（Regional Spacial Strategy）取代了结构规划，地方发展框架取代了地方规划。"RSS是一个区域的'发展规划'，是对某一地区发展的展望。制订战略时需考虑新住宅供应规模和分布，优先环境保护，考虑交通、基础设施经济发展、农业矿产开发和废物治理与处置等。结合区域交通战略，RSS为制订地方发展文件、地方交通规划以及与土地利用活动有关的区域和次区域战略及方案（包括空气质量、生物多样性、气候变化、教育、能源、环境、健康、土地利用与可持续发展等）提供了一个空间框架。"

2. 我国城市发展战略规划的出现与发展

战略规划在我国出现有其必然性。

首先，在全球化、市场化背景下，我国城市之间的竞争越来越激烈，地方政府必须进行战略性的思考。

其次，改革开放以后，中央与地方政府及地方政府之间的关系发生了巨大变化，地方政府向企业化转变而且控制经济发展的能力不断加大。地方政府不断膨胀的经济权力和行政权力，使其积极地寻找更为灵活的规划，按照自己的意图来应对现实与未来。

再次，已有的城市规划体系存在比较严重的问题，越来越不能适应快速、多变环境中城市发展的实际需要。

第四，城市发展环境的剧烈转变，要求城市规划不能只是一个纯粹的工程技术工作，它必须贴近地方政府的政策制订过程，体现超越工程性规划的"衍生作用"。地方政府需要一个超越既有的各种指标、程序、规范制约，面向经济社会发展中出现的主要问题，以提高城市竞争力为目标的更加综合的战略性规划。

2000年，广州市率先进行了城市发展战略规划的编制，总报告包括"机遇与挑战、都市理想、走向秩序"三篇。第一篇"机遇与挑战"从多方面深入地分析了广州城市的区位优势、发展潜力和内在危机；第二篇"都市理想"提出城市发展的四大目标；第三篇"走向秩序"通过对广州城市空间的深化过程、空间特色与问题、影响空间发展的因素等的分析，勾画未来的城市空间结构，并提出相应的策略。应该说，广州的城市发展战略规划取得了很大的成功。随后，这种战略性规划迅速在宁波、杭州等城市得到重视，出现了由特大城市向中小城市、东部沿海城市向西部内陆城市扩展的趋势。

3. 城市战略规划的基本内容

通过归纳我国目前许多城市的战略规划，几乎都将"强化竞争优势"作为其中心议题，在当前各城市战略规划中，都从以下各方面进行了分析。

（1）对城市发展的宏观环境和发展阶段的分析

例如，在广州市发展战略规划中，认为全球化和快速城市化将给广州带来重大的发展机遇，为了赶超竞争对手，广州必须在经济和空间战略上实行"跨越式发展"。

（2）对城市发展机遇与挑战的分析

全面分析各种环境变化对城市发展可能带来的正面与负面影响，并研究城市自身的优势与劣势。例如改革开放以后，广州的区域中心地位受到周边城市尤其是深圳的严峻挑战。而从空间角度看，19世纪90年代建成的虎门大桥和正在建设中的伶仃洋大桥都将使珠江三角洲的几何中心南移而使广州趋于边缘化。战略规划认为，为了巩固广州的区域中心地位，必须充分发挥其行政、文化、商贸、信息中心和交通枢纽优势，并使城市发展重心南移。

（3）制订提高城市竞争力的战略

制订提高城市竞争力的战略包括城市发展的目标定位（例如国际性城市、区域中心城市、最佳居住与创业城市等）以及为实现此目标所必须采用的战略，包括经济发展战略、社会发展战略、空间发展战略等。

（4）空间发展规划

区别于传统的城市空间规划，战略规划更多地从增强城市竞争优势的角度（而不是单纯的工程技术性）来考虑空间的发展。例如，广州城受制于行政区划，城市空间长期只能沿珠江向东带状延伸，2000年对番禺市进行了行政区划兼并，战略规划随即提出，城市空间结构由单中心向多中心转变并着重向南发展，在番禺区建设新的城市中心（CBD21）并将之培育成为整个"珠江三角洲组合城市"的中心。

（5）重要基础设施开发时序和投资估算

根据城市发展的需要确定所必须配备的基础设施的数量与质量，并在确定总量的基础上对城市发展各阶段中存在的主要矛盾进行分析，从而有计划地确定重要基础设施开发的时序，包括高速公路、机场、港口、车站、供水、供电设施等，并大概估算其投资。

（6）政策与制度创新

为了实现城市的各种长远发展目标，研究种种制度与政策变革的策略。例如，传统"平和、安逸"的市民文化特征被认为是在激烈竞争中导致杭州发展落后的深层原因，战略规划中提出必须塑造一种积极进取、开放、勇于竞争的"新杭州精神"。同时，为了消除行政区划兼并后某些城区的抵触情绪，"杭州大都市区"的意识被大力强调，并给予各城区政府以更多的自主发展权。

目前，我国地方政府的城市发展战略规划极大地强调了"竞争"关系，由此也导致城市之间的冲突和区域性矛盾的加剧。从国际经验看，与经济全球化相伴随的一个重要趋势是区域一体化，许多城市只有通过协作以形成全球城市地区（Global City Region）才能实现更好、更高的发展。但是，由于目前缺乏区域性职能的政府和政策，我国地方政府只能从自己的局部利益出发来考虑发展战略。因此，从更高层面的政府（省、中央）角度看，也应该尽快制订更广域、更长远的"战略规划"，以协调地方政府之间的关系并引导竞争型城市的合理发展。

第五章　城市总体布局

城市总体布局是城市的社会、经济、环境以及工程技术与建筑空间组合的综合反映，也是城市总体规划的重要工作内容。它是在基本明确了城市发展纲要的基础上，根据大体确定的城市性质和规模，结合城市用地评定，对城市各组成部分的用地空间进行统一安排、合理布局，使其各得其所、有机联系。它是一项为城市长期合理发展奠定基础的全局性工作，可作为指导城市建设的规划管理基本依据之一。

城市总体布局是通过城市用地组成的不同形态体现出来的。城市总体布局的核心是城市用地功能组织，它是研究城市各项主要用地之间的内在联系。根据城市的性质和规模，在分析城市用地和建设条件的基础上，将城市各组成部分按其不同功能要求有机地组合起来，使城市有一个科学、合理的用地布局。

第一节　城市总体布局的基本原则

城市总体布局要力求科学、合理，要切实掌握城市建设发展过程中需要解决的实际问题，按照城市建设发展的客观规律，对城市发展作出足够的预见，既要经济合理地安排近期各项建设，又要相应地为城市远期发展作出全盘考虑。科学合理的城市总体布局必然会带来城市建设和经营管理的经济性发展。城市总体布局是在一定的历史时期、一定的自然条件，一定的生产、生活要求下的产物。通过城市建设的实践，得到检验，发现问题，修改完善，充实提高。

一、影响城市总体布局的因素

城市总体布局的形成与发展取决于城市所在地域的自然环境、工农业生产、交通运输、动力能源和科技发展水平等因素，同时也必然受到国家政治、经济、科学技术等发展阶段与政策的作用。

随着生产力的发展，科学技术的不断进步，规划布局所表现的形式也在不断发展。例如社会改革和政策实施的积极作用、工业技术革命及城市产业结构的变化、交通运输的改进与提高、新资源的发现、能源结构的改变等因素，都会对未来城市的布局产生实质性的影响。

城市存在于自然环境中，除了受到国家的政治、经济、科学技术等因素影响外，还有来自城市本身和城市周围地区两个方面的影响。生产力的发展水平和生产方式、城市的性质和规模、城市所在地区的资源和自然条件、生态平衡与环境保护、工业和交通运输等因素，都会在不同程度上影响城市总体布局的形成和发展。

二、城市总体布局的基本原则

城市总体布局应体现前瞻性、综合性和可操作性，紧密结合我国城镇化发展的基本方针，坚持走我国特色的城镇化道路，按照循序渐进、节约土地、集约发展、合理布局的基本要求，努力形成资源节约、环境友好、经济高效、社会和谐的城镇发展新格局，取得社会效益、经济效益和环境效益的统一。具体应当综合考虑以下四个方面的要求。

1. 增强区域整体发展观念，考虑城乡统筹发展

分析影响城市与区域整体性发展的各个因素，把握区域空间演化的整体态势。在城镇化发达地区，现在已出现了城市群、大都市连绵区等新形式的空间聚合模式，空间扩展、经济联系、交通组织等方面都呈现出一体化的态势。相对而言，欠发达地区的城市则呈现城镇化水平低、城镇规模小、功能弱、基础设施不健全等特点。

认真分析区域性产业结构调整和产业布局的影响。区域性的产业结构调整和转型发展可以直接影响到城市功能的转变。区域经济中心城市应将产业结构的高级化作为主要方向。一般城市，则应根据自身的条件，调整和完善城市产业结构，明确既有竞争能力又富有效益的产业，也就是发展优势较大的产业，并在规划布局中为之提供积极发展的条件。

认真分析区域性生态资源条件的承载能力。区域是生态与环境可持续发展的基本单位，良好城市环境的创造和生态环境的可持续发展必须基于区域的尺度寻求解决的方案和对策。

认真分析区域性重大基础设施建设的影响。一方面应加强对支撑城市发展的战略性基础设施的研究；另一方面重视新的区域性重大基础设施项目的建设对城市布局形态可能产生的影响。

促进城乡融合，建立合理的城乡空间体系。在城镇化进程中，应注重实现城市现代化和农村产业化同步发展。在发展大中城市的同时，有计划地积极发展小城镇，通过建立合理的城乡空间体系，以市域土地资源合理利用和城镇体系布局为重点，通过各级城镇作用的充分发挥，推动实现农村现代化，使城乡逐步融合，共同繁荣。

2. 重点安排城市主要用地，强化规划结构

集中紧凑，节约用地，提高用地布局的经济合理性。城市总体布局在保证城市正常功能的前提下，应尽量节约用地，集中紧凑，缩短各类工程管线和道路的长度，节约城市建设投资，方便城市管理。城市总体布局要十分珍惜有限的土地资源，尽量少占农田、不占良田、兼顾城乡，统筹安排农业用地和城市建设用地。

明确重点，抓住城市建设和发展的主要矛盾。努力找出并抓住规划期内城市建设发展的主要矛盾并作为构思总体布局的切入点。对以工业生产为主的生产城市，其规划布局应从工业布局入手；交通枢纽城市则应以有关交通运输的用地安排为重点；风景旅游城市应先考虑风景游览用地和旅游设施的布局。城市往往是多职能的，因此要在综合分析基础上，分清主次，抓住主要矛盾。

规划结构清晰明确，内外交通便捷。城市规划用地结构是否清晰是衡量用地功能组织合理性的一个指标。城市各主要用地既要功能明确，相互协调，同时还要有安全便捷的交通联系，把城市组织成一个有机的整体。城市总体布局要充分利用自然地形、江河水系、城市道路、绿地林带等空间来划分功能明确、面积适当的各功能用地，在明确道路系统分工的基础上促进城市交通的高效率，并使城市道路与对外交通设施和城市各组成要素之间均保持便捷的联系。

3. 弹性生长，近远期结合，为未来预留发展空间

重视城市分期发展的阶段性，充分考虑近期建设与远期发展的衔接。城市远期规划要坚持从现实出发，城市近期建设规划则应以远期规划为指导。城市近期建设要坚持紧凑、经济、可行、由内向外、由近及远、成片发展，并在各规划期内保持城市总体布局的相对完整性。

旧区更新与新区建设联动发展。城市总体布局要把城市现状要素有机地组织进来，既要充分利用现有物质基础发展新区，又要为逐步调整或改造旧区创造条件。在旧区更新中要防止两种倾向：其一是片面强调改造，大拆大迁、过早拆旧其结果就可能使城市原有建筑风貌和文物古迹受损；其二是片面强调利用，完全迁就现状，其结果必然会使旧区不合理的布局长期得不到调整，甚至阻碍城市的发展。

考虑城市建设发展的不可预见性，预留发展弹性。所谓"弹性"即是城市总体布局中的各组成部分对外界变化的应变能力和适应能力，如对于经济发展的速度调整、科学技术的新发展、政策措施的修正和变更等的应变能力和适应能力。规划布局中某些合理的设想，若短期内实施有困难，就应当通过规划管理严加控制，为未来预留实现的可能性。

4. 保护生态和环境，塑造城市特色风貌

以生态与环境资源的承载力作为城市发展的前提。在城市总体布局中，应控制无序蔓延，明确增长边界。同时要十分注意保护城市地区范围内的生态环境，力求避免或减少由于城市开发建设而带来的自然环境的生态失衡。

保护环境，因地制宜，建立城市与自然的和谐发展关系。城市总体布局要有利于城市生态环境的保护与改善，努力创造优美的城市空间景观，提高城市的生活质量。慎重安排污染严重的工厂企业的位置，预防工业生产与交通运输所产生的废气污染与噪声干扰。加强城市绿化建设，尽可能地将原有水面、树林、绿地有机地组织到城市中来。

注重城市空间和景观布局的艺术性，塑造城市特色风貌。城市空间布局是一项艺术创造活动。城市中心布局和干道布局是体现城市布局艺术的重点，城市轴线是组织城市空间的重要手段。

第二节　城市总体布局模式

一、城市总体布局的集中和分散

城市的总体布局千差万别，但其基本形态大体上可以归纳为集中紧凑与分散疏松两大类别。各种理想城市形态也都基本可以回归到这两种模式。

在集中式的城市布局模式中，城市各项主要用地集中、成片、连续布置。城市各项用地紧凑、节约，便于行政领导和管理，有利于保证生活经济活动联系的效率和方便居民生活；有利于设置较为完善的生活服务设施，可节省建设投资。一般情况下，中小规模的城市较适宜采取集中发展的模式。但是，采用集中发展模式的城市要注意预防过度集中造成的城市环境质量下降和功能运转困难，同时还应注意处理好近期和远期的关系。规划布局要具有弹性，为远期发展留有余地，避免虽然近期紧凑，但远期出现功能混杂的现象。

分散式的布局形态较适宜大城市和特大城市以及受自然条件限制造成城市建成区集中布局困难的城市。由于受河流、山川等自然地形、矿藏资源或交通干道的分隔，形成相对独立的若干片区，这种情况下的城市布局比较分散，彼此联系不太方便，市政工程设施的投资会提高一些。它最主要的特征是城市空间呈现非集聚的分布方式，包括组团状、带状、星状、环状、卫星状等多种形态。

应该指出，城市用地布局采取集中紧凑或分散疏松，受到多方面因素的影响。而同一个城市在不同的发展阶段，其用地扩展形态和空间结构类型也可能是不同的。一般来说，早期的城市通常是集中式的，连片地向郊区拓展。当城市空间再扩大或遇到障碍时，则开始采取分散的发展方式。随后，由于发展能力加强，各组团彼此吸引，城市又趋于集中。最后城市规模太大需要控制时，又不得不以分散的方式，在其远郊发展卫星城或新城。因此，选择合理的城市发展形态，需要考虑城市所处发展阶段的特点。

二、基本城市形态类型

1. 集中型形态

集中型形态是指城市建成区主轮廓长短轴之比小于 4∶1 的用地布局形态，是长期集中紧凑全方位发展形成的，其中还可以进一步划分成网格形、环形放射型、扇形等子类型。网格形城市又称棋盘式，是最为常见和传统的城市空间布局模式。城市形态规整，由相互垂直的道路构成城市的基本空间骨架，易于各类建筑物的布置，但如果处理得不好，也易导致布局上的单调。这种城市形态一般容易在没有外围限制条件的平原地区形成，不适于地形复杂地区。这一形态能够适应城市向各个方向上扩展，更适合汽车交通的发展。由于路网具有均等性，各地区的可达性相似，因此不易于形成显著的、集中的中心区。典型案例城市如西班牙的巴塞罗那、美国的洛杉矶、英国米尔顿·凯恩斯等。

环形放射型是大中城市比较常见的城市形态，由放射形和环形的道路网组成，城市交通的通达性较好，有很强的向心紧凑发展的趋势，往往具有高密度的展示性、富有生命力的市中心。这类形态的城市易于利用放射道路组织城市的空间轴线和景观，但最大的问题在于有可能造成市中心的拥挤和过度集聚，同时用地规整性较差，不利于建筑的布置。这种形态一般不适于小城市。主要案例城市如我国北京、法国巴黎、日本东京、德国的卡尔斯鲁厄等。

2. 带型形态

带型形态又称线状形态。是指城市建成区主体平面的长短轴之比大于 4∶1 的用地布局形态。带形城市大多是由于受地形的限制和影响，城市被限定在一个狭长的地域空间内，沿主要交通轴线两侧呈单向或双向发展，平面景观和交通流向的方向性较强。这种城市的空间组织有一定优势，但规模应有一定的限制。带型城市必须发展平行于主轴的交通线，但城市空间不宜拉得过长，否则市内交通运输的成本很高。其子形态有 U 形、S 形、环形等，典型城市如我国的深圳、兰州等。

环状形态在结构上可看成是带型城市在特定情况下首尾相接的发展结果。城市一般围绕着湖泊、山体、农田等核心要素呈环状发展，由于形成闭合的环状形态，与带状城市相比，各功能区之间的联系较为方便。由于环形的中心部分以自然空间为主，可为城市创造优美的景观和良好的生态环境条件。但除非有特定的自然条件限制或严格的控制措施，否则城市用地向环状的中心扩展的压力极大。典型案例如：新加坡市、浙江台州、荷兰兰斯塔德地区等。

荷兰的兰斯塔德地区，也被称为绿心（Green Heart）地区，是由阿姆斯特丹、鹿特丹、海牙和乌德勒支等共同组成的城市地区。位于莱茵河口的鹿特丹是重要的商业和重工业中心，其货物吞吐量曾长期位居世界第一。阿姆斯特丹是荷兰的首都和经济、文化、金融中心，海牙是国际事务和外交活动中心，乌德勒支是重要的交通运输枢纽城市。四个主要城市之间相距在60km范围以内，这些城市共同组成了职能分工明确、专业化特点明显、相互关系密切的多中心的城镇群体。在这个城镇群体的中心是绿心，是荷兰精细农业和畜牧业最为发达的地区，也是周边城市群的游憩缓冲区。这一地区独特的空间形态源于其自然地理条件，但也是长期的规划控制的结果。

3. 放射型形态

放射型形态是指城市建成区总平面的主体团块有三个以上明确发展方向的布局形态。大运量公共交通系统的建立对这一形态的形成具有重要影响，加强对发展走廊非建设用地的控制是保证这种发展形态的重要条件，包括指状、星状、花瓣状等子形态。典型案例城市如哥本哈根（Copenhagen）等。

星状形态的城市通常是从城市的核心地区出发，沿多条交通走廊定向向外扩张形成的空间形态，发展走廊之间保留大量的非建设用地。这种形态可以看成在环形放射城市的基础上叠加多个线形城市形成的发展形态。

4. 星座型形态

星座型形态（Conurbation Form）又称为卫星状形态。城市总平面包含一个相当大规模的主体团块和三个以上较次一级的基本团块组成的复合形态。

星座型形态的城市一般是以大城市或特大城市为中心，在其周围发展若干个小城市而形成的。一般而言，中心城市有极强的支配性，而外围小城市具有相对独立性，但与中心城市在生产、工作和文化、生活等方面都有非常密切的联系。这种形态基本上是霍华德的田园城市和恩温的卫星城理论提出的城市空间形式，这种形态有利于在大城市及大城市周围的广阔腹地内，形成人口和生产力的均衡分布，但在其形成阶段往往受自然条件、资源情况、建设条件、城镇形状以及中心城市发展水平与阶段的影响。实践证明，为控制大城市的规模，疏散中心城市的部分人口和产业，有意识地建设远郊卫星城是有一定效果的。但卫星城的建设仍要审慎研究卫星城的现有基础、发展规模、配套设施以及与中心城市的交通联系等问题，否则效果可能并不理想。主要案例城市如伦敦、上海等。

5. 组团型形态

组团型形态是指城市建成区是由两个以上的相对独立的主体团块和若干基本团块组成的布局形式。一个城市被分成若干块不连续城市用地，每块之间被农田、山地、较宽的河流、大片的森林等分割。这类城市的规划布局可根据用地条件灵活编制，比较好处理城市发展的近、远期关系，容易接近自然，并使各项用地各得其所。关键是要处理好集中与分散的"度"，既要合理分工、加强联系，又要在各个组团内形成一定规模，使功能和性质相近的部门相对集中，分块布置。组团之间必须有便捷的交通联系。

6. 散点型形态

散点型形态的城市没有明确的主体团块，相对独立的若干基本团块在较大的空间区域内呈现出自由、分散的布局特征。

三、多中心与组群城市

随着城镇化进程的推进,在一些城镇密集地区,城镇间的社会经济联系日趋紧密,呈现出明显的组群化发展特征。如日本的京阪神地区,以大阪为中心,在大阪湾东北沿岸半径 50km 空间范围内的新月形区域内构成的大阪都市圈,包括京都神户和历史古都奈良等城市,人口达 1700 万人。随着关西国际航空港、关西文化学术研究城市、大阪湾跨地区开发等重大项目的建成,在上述城市相互连接的轴心上,组成人口、产业、文化等高度集中的多中心网络型的都市圈结构,以建成国际交流的中枢城市为目标,激发城市活力,创造良好的城市环境。

这种组群城市的空间形态是城市在多种方向上不断蔓延发展的结果。多个不同的片区或城市组团在一定的条件下独自发展,逐步形成不同的多样化的焦点和中心以及轴线。这种空间形态的典型城市还有底特律、洛杉矶、鲁尔城镇群等。

第三节 不同类型的城市总体布局

一、矿业城市

在矿业城市中,矿区生产不同于一般工业生产。矿区资源条件是矿区工业布局的自然基础,矿区工业的布局与矿井分布有密切关系,因此矿藏分布对矿业城市的结构有决定性的影响。一般情况下,矿井分布比较分散,因此也就决定了矿业城市总体布局分散性的特点。此外,矿区有一定的蕴藏量和一定的开采年限。因此,矿业城市的发展年限、规模和布局必须与矿区开发的阶段相适应。

例如煤矿城市,在矿区处于开始建设阶段时,应着重考虑如何迅速建成煤炭工业本身比较完整的体系以及交通、电力、给排水、建筑材料等先行部门的配合建设;在矿区建设达到或接近规划最终规模时,应充分利用煤炭资源和所在城镇与地区的有利条件,合理利用劳动力,有重点地建设一些经济上合理而必要的加工工业部门,形成综合发展程度较高的采矿业与制造业相结合的工矿城市;在矿区或矿井接近衰老阶段,则应及早寻找后备矿区,并事先考虑煤产递减期间和报废以后如何利用现有工业建筑、公用设施和居民点,规划好拆迁、改建、转产、城镇工业发展方向的调整及居民点的迁留等问题。

由于矿区大多分布在山区丘陵地带和地质构造比较复杂的地方,因此城市规划布局要很好地考虑地形条件和地质条件。矿区各项用地的布置要考虑到矿藏的范围，避免压矿（特别是浅层矿层），以免影响开采。

矿区生产需要频繁的交通运输，仅靠汽车运输是完全不够的，还必须考虑采用矿区内部窄轨铁路、内燃机车、架空索道、管道运输等专用交通方式。而且运输管线与设施占地较大，这对矿区工业生产布局有很大影响。

矿区工业生产的特点决定了矿区居民点难以集中布局，但居民点过于分散，不便组织生活，因此应做到集中与分散相结合。一般可选择条件较好，位置适中的地段作为整个矿区城市的中心居民点，选择其中人口、工业、生活服务与文化设施齐全的可作为全矿区的行政管理与公共服务的中心。其他的居民点规模应与矿井的生产能力相适应，并与中心居民点（城镇）有方便的交通联系。

矿区与农村的联系较为密切，在进行矿区总体布局的同时，应尽可能地结合矿区所在地区的工农业基本建设，把矿区的开发与农田基本建设、大工业与乡镇工业、矿区公路与农村规划道路、矿区供电和农村用电、村庄的改建与矿工生活区的组织、矿区公共服务设施的分布与农村使用要求等统一考虑，使工农业相互支援、城乡相互促进、协调发展。

二、风景旅游和纪念性城市

随着生产的不断发展和经济文化水平的提高，我国的旅游事业不断得到发展，风景旅游城市的建设也在进一步发展与提高。风景旅游城市首先体现在对风景的充分保护与开发利用，并为发展旅游事业服务这一主要的城市职能上。作为一个风景游览性质的城市，在城市布局上应当充分发挥风景游览这一主要的经济和文化职能的作用。在风景游览城市的总体规划布局中，应着重处理好以下几个方面的关系：

1. 城市布局要突出风景城市的个性，维护风景和文物的完整性

我国许多著名的风景城市，无论在自然条件、空间组织、园林艺术及建筑等方面，都具有独特的风格，明显地区别于其他城市。风景游览城市的布局，首先必须强调突出城区和游览区的特色，并充分发挥它们的固有特点。特别注意维护和发展风景城市的完整面貌，突出风景点的建设和历史文物古迹的保护。

2. 正确处理风景与工业的关系

首先，从工业性质方面加以严格控制，合理选择工业项目。在风景游览城市中，可以发展少量为风景游览服务的工业以及清洁无害、占地小、职工人数少的工业。其次，合理选择工厂建设的地点，使工业建设有利于环境保护，并与周围自然环境取得配合。对具有特殊条件的风景城市，如当地有大量优质矿藏等必须发展对风景有影响的工业时，则应从更大的地区范围内合理地分布这些工业。对那些占地较多、污染较大的冶金、化工、水泥等工业应严格禁止设在市区及风景区的周围。对于已经布置在风景区或风景城市内的工业，

应根据其对城市环境与风景的影响程度分别采取强制治理、改革工艺、迁移等不同的办法、逐步加以解决。

3. 正确处理风景区与居住区的关系

一般不应该将风景良好的地方发展为居住区。这不仅会破坏风景区的完整性，同时居民的日常生活活动也对风景游览带来一定的影响。

4. 正确处理风景与交通的关系

风景旅游城市要求客运车站码头尽可能地靠近市区，而又不致影响城市与风景区的发展。运输繁忙的公路、铁路、港口、机场等，在一般情况下不应穿过风景游览区和市区。在临近湖泊、江河海滨的风景城市，则应充分利用广阔的水面，组织水上交通。市内的道路系统，应按道路交通的不同功能加以分类与组织。游览道路的组织是道路系统中重要内容之一。游览道路的布局与走向应结合自然地形与风景特征，为游人创造良好的空间构图和最佳景观效果。

5. 正确处理风景游览与休、疗养地及纪念性城市的关系

在风景优美而又具备疗养条件的城市中，还往往开辟休、疗养区。风景区是对全体游人开放的，而休、疗养区则为一定范围内的休疗养人员服务。因此，如果将休、疗养区设在许多风景点附近，在实际上势必缩小了游览面积，减少游览内容和可容纳的游人数量。往来频繁的游人也会影响休、疗养区的安全与卫生。休养区为健康人的短期休养服务，而疗养区为不同类型的病人服务，因此在用地布局上也有不同的要求。

纪念性城市的政治或文化历史意义比较重要，革命纪念旧址或历史文化遗迹在城市中分布较多，它们在城市布局中往往占有一定的主导地位，如革命圣地延安，历史名城遵义等。在纪念性城市规划中，应突出革命纪念地和历史文物遗址在城市总体布局中的主导地位，正确处理保护革命纪念旧址，历史文物与新建建筑物之间的关系。搞好城市绿化布局与环境的配置，保持纪念性城市特有的风貌。

三、山区城市

山区城市的地形条件比较复杂，用地往往被江河、冲沟、丘谷分割，由于地形条件比较复杂，地形高差较大，平地很少，工农业在占地上的矛盾往往较为突出，这就给工业、铁路场站以及工程设施的布置带来一定的困难。一般情况下，首先应将坡度平缓的用地尽量满足地形条件要求较高的工业、交通设施等需要。此外，高低起伏的地形条件，也可以给规划与建设带来一些有利的因素，如利用地形高差布置车间、仓库及水塔、贮水池、烟囱等工程构筑物，利用自然地形屏障规划与布置各种地下与半地下建筑，利用自然水体、山岗丘陵布置园林绿化。山区城市的布局往往受到自然地形条件的限制，形成以下几种形式的分散布局：

1. 组团式布局

城市用地被地形分隔呈组团式布局。工业成组布置，每片配置相应的居住区和生活服务设施。片与片之间保持着一定距离。各片之间由道路、铁路或水运连接。在这类城市的总体布局中，工业的布局不宜分布过散，应根据工业的不同性质尽可能紧凑集中，成组配置。每个组团不宜太小，必须具备一定的规模和配置完善的生活服务设施。

2. 带状布局

受高山、峡谷和河流等自然条件的限制，城市沿河岸或谷地方向延伸形成带状布局。其主要特点是平面结构与交通流线的方向性较强，但其发展规模不宜过大，城市不宜拉得太长，必须根据用地条件加以合理控制，否则将使工业区与居住区等交错布置或使交通联系发生困难，增加客流的时间消耗。城市中心宜布置在适中地段或接近几何中心位置。若城市规模较大，分区较多，除了全市性公共活动中心以外，还应建立分区的中心。工业与对外交通设施不应将城市用地两端堵塞封闭。在谷地布置工业，要特别注意地区小气候的特点与影响，避免将有污染的工业布置在容易产生逆温层的地带或静风地区。

3. 分片布局

分片布局是大城市或特大城市在山区地形条件十分复杂的条件下采取的一种布局方工。

四、港口城市

港口是港口城市发展的基础。岸线的自然条件也是港口城市规划布局的基础，尤其深水岸线是港口城市赖以发展的生命线。港口城市的规划布局，应重点考虑以下几个方面的问题：

1. 统筹兼顾，全面安排，合理地分配岸线

岸线使用分配的合理与否对整个城市布局的合理性关系甚大。规划必须贯彻"深水深用、浅水浅用、分区管理、合理布局"的原则，使得每一段岸线都能得到充分利用。根据港区作业与城市生产、生活的要求，统筹兼顾，全面安排港区各项用地、工业用地和城市各项建设用地。应根据不同要求，合理分配岸线，协调港口装卸运输和其他建设使用岸线的矛盾。对于城市人民的文化和生活必需的岸线要加以保证，为城市居民创造良好的生活与游憩条件。

2. 合理组织港区各作业区，提高港口的综合运输能力，使港口建设和城市建设协调发展

港区内各作业区的安排，对城市用地布局有直接的影响。客运码头应尽量接近市中心地段，并和铁路车站、市内公共交通有方便的联系。旅客进出码头的线路不应穿过港口其他的作业区。如果水陆联运条件良好，最好应设立水陆联运站。为城市服务的货运码头，

应布置在居住区的外围，接近城市仓库区并与生产消费地点保持最短的运输距离。转运码头则要求布置在城市居住区以外且与铁路、公路有良好联系。大型石油码头应远离城市，其水域也应和港区其他部分分开，并位于城市的下风和河流的下游。超大型船舶的深水泊位，有明显的向河口港下游以及出海处发展的趋势。

海港城市的无线电台较多，因此对有关空域需加以合理规划与管理，为避免相互干扰，应分别设置无线电收发讯台的区域。收讯台占地较大，以远离市区为宜。发讯台占地较少，对城市影响也较小，可设在市区。

3. 结合港口城市特点，创造良好的城市面貌

充分利用港口城市独特的自然条件来创造良好的城市空间与总体艺术面貌。在城市空间布局与建筑艺术构图上，要考虑人们在城市内的日常活动的空间要求，还要考虑在海面上展望城市的面貌。

第六章 城市设计与控制性详细规划

第一节 城市设计的范畴与要素

一、城市设计含义与作用

1. 城市设计的含义

城市设计作为专业名词，其含义有不同的解释。据《我国大百科全书（建筑、园林、城市规划卷）》解释，城市设计是"对城市体形环境所进行的设计"。《简明不列颠百科全书》的解释是"对城市环境形态所作的各种合理处理和艺术安排"。美国凯文·林奇（Kelvin Lynch）认为"城市设计专门研究城市环境的可能形式"。英国建筑师弗雷德里克·吉伯德（Frederick Gibberd）对城市设计的表述更为具体，他认为："城市设计主要是研究空间的构成和特征""城市设计的最基本特征是将不同的物体联合，使之成为一个新的设计，设计者不仅必须考虑物体本身的设计，而且要考虑一个物体和其他物体之间的关系""城市设计不仅是考虑这个构图有恰当的功能，而且要考虑它有令人愉快的外貌"。依据上述各种解释，城市设计的含义可概括为"对城市形体及三维空间环境的设计"。

2. 城市设计的作用

城市设计不同于城市规划和建筑设计，它可以广义地理解为设计城市，即对物质要素，诸如地形、水体、房屋、道路、广场、绿地等进行综合设计，包括使用功能、工程技术及空间环境的艺术处理。最初，城市建设常常由于在城市规划、建筑设计以及其他工程设计之间缺乏衔接环节，导致城市体形空间环境的不良，这个环节就需要做城市设计。它具有承上启下的作用，从城市空间总体构图引导项目设计。城市设计的重要作用还表现为在为人类创造更亲切美好的人工与自然结合的城市生活空间环境，促进人的居住文明和精神文明的提高。

而如今城市设计已经被理解为优化城市综合环境质量的综合性安排，已经贯穿于我国法定城市规划的各个阶段的始终。另外，在战略规划、城市整体风貌设计、历史名城（街区）

保护规划、城市规划的管理等扩展的规划工作领域中,城市设计也致力于城市空间结构的改造、新街区建设、居民生活改善等目标,侧重于城市的不同方面,作用于城市的不同要素,发挥着独特的作用。而不同阶段的城市设计,其研究对象、尺度、成果表达也是不同的。

二、城市设计内容与类型

1. 城市设计的内容

（1）空间关系

城市设计的对象既包含城市的自然环境、人工环境,也包含城市发展中涉及的人文环境。城市设计的空间内容主要包括土地利用、交通和停车系统、建筑体量和形式及开敞空间。土地利用的设计是在城市规划的基础上细化,安排不同性质的内容,并考虑地形和现状因素。建筑体量和形式取决于建设项目的功能和使用要求。要考虑容积率、建筑密度、建筑高度、体量、尺度、比例及建筑风格等。交通和停车系统的功能性很强,技术复杂,占用城市较大空间,对城市整体形象的影响也很大。开敞空间包括广场、公园绿地、运动场、步行街、庭院及建筑文物保护区等。环境设计要适应城市生活方式和市民心理,形成建筑地段和建筑群体的内涵和形式特征。城市设计不仅要组织物质空间,而且要创造有吸引力的活动空间环境,特别是要把购物、餐饮、观光游览、休息和娱乐等各种活动结合起来。

（2）时间过程

城市设计既与空间有关又与时间有关,因为它的构成元素不但在空间中分布,而且体现在不同的时间由不同的人建造完成。一方面,由于人们在时空中的活动是不断变换的,所以在不同时段环境有不同的用途。因此,城市设计需要理解空间的时间周期以及不同社会活动的时间组织;另一方面,尽管环境随着时间在改变,但保持某种程度的延续性和稳定性还是很重要的。城市设计需要设计和组织这些环境,允许无法避免的时间流逝。另外,城市社会与环境每时每刻都在变化。城市设计方案、政策等具体内容也会随着时间在实施过程中逐步调整。

（3）政策框架

作为一种管理手段,城市设计的目的是制定一系列指导城市建设的政策框架,在此基础上进行建筑或环境的进一步设计与引导。因此,城市设计必须依靠公共政策手段反映社会和经济需求,需要研究城市整体社会文化氛围,制定有关的社会经济政策。尤其是具体的市容景观实施管理条例,促进城市文化风貌与景观的形成,确定城市设计实施的保障机制。

2. 城市设计的类型

根据设计对象的用地范围和功能特征,城市设计可以分为以下类型:

（1）城市总体空间设计。

（2）城市开发区设计。

（3）城市中心设计。

(4) 城市广场设计。

(5) 城市干道和商业街设计。

(6) 城市滨水区设计。

(7) 城市居住区设计。

(8) 城市园林绿地设计。

(9) 城市地下空间设计。

(10) 城市旧区保护与更新设计。

(11) 大学校园及科技园设计。

(12) 博览中心设计。

(13) 建设项目的细部空间设计。

三、城市设计基本理论与方法

1. 城市空间设计理论

罗杰·特兰西克（Roger Trancik）在《寻找失落的空间——都市设计理论》一书中，根据现代城市空间的变迁以及历史实例的研究，归纳出三种研究城市空间形态的城市设计理论，分别为图底理论（Figure Ground Theory）、连接理论（Linkage Theory）和场所理论（Place Theory）。同时对应地将这三种理论又归纳为三种关系，即形态关系、拓扑关系和类型关系。

（1）图底理论

图底理论从分析建筑实体和开放虚体之间的相对比例关系着手，试图通过对城市物质空间的组织加以分析，明确城市形态的空间结构和空间等级，确定城市的积极空间和消极空间。通过比较不同时期城市图底关系的变化，从而分析城市空间发展的规律及方向。

空间设计中运用图底法，可以借着土地开发过程中不同用地和建筑实际形状和比例增减变化，表达其图底的关系。城市的实体与虚体是一组对应的二元关系，虚实相生，共同构成有机的整体。城市虚体必须可以和城市实体空间分隔及融合，以提供机能上及视觉上的延续性。建筑物与外部空间形成密不可分、相互结合的关系，才能创造出一个整体及人性的城市。

（2）连接理论

连接理论注重以"线"（lines）（包括街道、人行步道、线形开放空间，或其他实际连接城市各单元的连接元素）连接各个城市空间要素，组织起一个连接系统和网络，进而建立有秩序的空间结构。在此理论中，最重要的是视动态交通线为创造城市形态的原动力，因此移动系统和基础设施的效率往往比界定外部空间形态更受关注。

连接关系的建立可以分为两个层面：物质层面和内在动因。在物质层面上，连接表现为用"线"将各客体要素加以组织及联系，从而使彼此孤立的要素之间产生新的关联，进而共同形成一个"关联域"；由于"线"的连接与沟通作用，关联域也就由原来彼此不相干的元素形成相对稳定的有序结构，从而空间的秩序被建立起来。从内在动因而言，通常不仅仅是联系"线"本身，更重要的是线上的各种"流"内在组织的作用，将各空间要素联系成一个整体。

连接理论是20世纪60年代最受欢迎的设计思潮，丹下健三是该理论的先驱，模文彦对此理论亦作出重要贡献。而在模文彦著名的"集体形态之研究"一文中，将这种连接关系视为外部空间的最重要的特征及法则。他提出了城市空间分为三种不同形态，即，组合形态、超大形态和组群形态。在城市设计中，连接是控制建筑物及空间配置的关键。尽管连接理论在界定二元空间方向时，无法获得令人满意的结果，但它对理解整体城市形态结构仍是大有裨益的。

（3）场所理论

场所理论比图底理论及连接理论更进一步地将人性需求、文化、历史及自然环境等因素列入考虑的范畴。场所理论结合独特形式及环境详细特征的研究，使实质空间更为丰富。本质上，场所理论是根据实质空间的文化及人文特色进行城市设计的。不论是以抽象或实质的观点而言，"空间"是由可进行实质连接、有固定范围或有意义的虚体所组成。"空间"之所以能成为"场所"的主要原因，是由空间的文化属性所赋予及决定的。正如，诺伯格舒尔茨（Norberg Schulz）在《场所精神——迈向建筑现象学》一书中精辟地指出："场所就是具有特殊风格的空间。自古以来，场所精神就如同一个具有完整人格的人，如何培养面对及处理日常生活的能力。就建筑而言，意指如何将场所精神具象化、视觉化。建筑师的工作就是创造一个适宜人们聚居的有意义的空间。"

2. 城市设计方法

城市设计的方法可大致分为：

（1）调查的方法。包括基础资料收集视觉调查、问卷调查、硬地区和软地区的识别等。

（2）评价的方法。包括加权法、层次分析法、模糊评价法、判别法、列表法等。

（3）空间设计的方法。包括典范思维设计方法、程序思维设计方法、叙事思维设计方法等。

（4）反馈的方法。包括政府部门评估、专家顾问社会评论、群众反映等。

第二节　城市公共空间及案例分析

城市公共空间是指那些供居民日常生活和社会生活公共使用的室外空间，如城市中心区、商业区、滨水区、城市绿地等。公共空间具有开放性、可达性、大众性、功能性多种特质，方便人们到达休憩和日常使用，具有提供活动和感受场所、有机组织城市空间和人的行为，构成城市景观和维护生态环境、交通运输、城市防灾等功能。

一、城市中心

（一）城市中心的类型及构成

小城市中心是城市居民社会生活集中的地方。城市居民社会生活多方面的需要和城市的多种功能导致产生各种类型不同规模、等级的城市中心。从功能来分，有行政、经济、生活及文化中心。按照城市规模分，小城镇一般有一个市中心即能满足各方面的要求；大、中城市除全市中心之外，还有分区中心、居住区中心等。全市中心也可同时有多个不同功能的中心，形成城市中心体系。

1. 城市中心类型

根据公共活动的功能和性质，城市有行政管理、经济、商业、文化、娱乐、游览等活动的要求。有的是一个中心兼有多方面的功能，也有的是突出不同功能和性质的中心。从所服务的地区范围来分，有为全市服务的市中心，有分别为城市各区服务的区中心，有为居住区服务的居住区中心，还有不同层次的中心，设置相应层次的公共服务设施。在一般情况下，城市有几个分区时，可设置市中心和区中心。如市中心在某一区内，则该区可不必设置区中心，上一层次的中心可综合考虑下一层次中心的内容和要求。

2. 城市中心的构成

城市中心应有各类建筑、各类活动场地、道路绿地等设施。这些内容可组织成一个广场或组织在一条道路上，也可以在街道、广场上联合布置形成一片建筑群。大城市的中心构成甚至可以扩展到若干街坊和一系列的街道、广场，形成中心区。

城市中心的建筑群以及由建筑为主体形成的空间环境，不仅要满足市中心活动功能上的要求，还要满足精神和心理上的需要。因此，城市中心创造了具有强烈城市气氛的活动空间，为市民提供了活跃的社会活动场所。人们可以感受城市的性格和生活气息，形成城市独特的吸引力。同时，城市中心往往也是该城市的标识性地区。

（二）城市中心布局

城市中心的布局包括各级中心的分布、性质、内容、规模、用地组织与布置。各级中心的分布、性质和规模须根据城市总体规划用地布局，考虑城市发展的现状、交通、自然条件以及市民不同层次与使用频率的要求。

1. 满足居民活动不同层次的需要

居民生活对中心有不同要求。从使用频繁程度来分，有每天使用，日常需要的内容组成的中心，也有间隔一段时间如一周、一月左右需要使用的中心，也有间隔相当长的时间或者偶尔光顾的中心。使用频率反映出时间上、生活上不同层次的需要。

不同级别的中心，其服务范围各不相同。高一级的中心，如全市的中心，服务范围最大，内容也较齐全。居住区的中心，内容则较少，服务的面也仅限于居住区本身。

2. 中心位置选择

中心的位置需根据城市总体规划布局，通盘考虑后确定，在具体工作中应注意以下几点：

（1）利用原有基础

旧城都有历史上形成的中心地段，有的是商业、服务业及文化娱乐设施集中的大街；有的是交通集散的枢纽点，如车站、码头。行政中心都在政府办公机构集中的地段形成，原有城市中心地段必须充分利用。例如，北京市新规划的各个区中心也考虑了依托原有的建筑基础，选择了朝阳门外大街、阜成门外、鼓楼、海淀旧区等地点发展。

上海市中心区及区中心的发展也是依托原有的商业街和商业区。例如，南京路、淮海路、四川北路、徐家汇、人民广场都是全市和分区的重要中心区。浦东陆家嘴发展成为新的金融中心区，它与浦西的外滩共同构筑了城市中心商务区（CBD）。许多城市也都在原有的中心的基础上扩大。例如，南京的新街口、鼓楼和夫子庙，天津的和平路、劝业场，成都的春熙路，苏州的观前街等，都是在邻近地段扩大城市中心用地。

在扩建、改建城市中，必须调查研究原有各级中心的实际情况、发展条件，同时分析城市发展对城市中心的建设要求。对原有设施应分析情况，合理地组织到规划中来。如果由于城市的发展，认为原有中心的位置不恰当，扩大改建的条件不足，也可以考虑重新选址。

（2）中心位置的选择

各级、各类中心都是为居民服务的，从交通要求考虑，他们的位置应选在被服务的居民能便捷到达的地段。但是，中心的位置往往受自然条件、原有道路等条件的制约，并不一定都处在服务范围的几何中心。

由于大城市人口众多，为减少人口过分集中于市中心区，应在各个分区选择合适的地点增设分区中心。

各级中心必须具备良好的交通条件。市中心和区中心必须有方便的公共客运交通的连接，并靠近城市交通干道。居住区和居住小区的中心同样要选择位置适中，接近交通干道的地段。要考虑居民上、下班时顺路使用的方便和更多的选择性。

（3）适应永续发展的需要

城市各级中心的位置应与城市用地发展相适应，远近结合。市中心的位置既要在近期比较适中，又要在远期趋向于合理，在布局上保持一定的灵活性。各级中心各组成部分的修建时间往往有先后，应注意中心在不同时期都能有比较完整的面貌。

（4）考虑城市设计的要求

城市中心地点的选择不仅要分布合理并形成系统，还要根据城市设计原则考虑城市空间景观构成，使城市中心成为城市空间艺术面貌的集中点。

3. 中心的交通组织

各级中心既要有良好的交通条件，又要避免交通拥挤，人车相互干扰。为了符合行车安全和交通通畅的要求，必须组织好市及区中心的人、车及客运、货运交通。

市中心、区中心要与城市各分区及主要车站、码头等保持便捷的联系、在旧城基础上发展起来的中心，一般建筑较密集，敞开空间有限，人、车密集，而且还有历史上形成的有艺术、文化价值的建筑，吸引大量人流。为了解决交通矛盾，在交通组织上应考虑以下几点：

（1）市中心是居民活动大量集中的地方，在这个范围内的交通以步行为主。为了接纳和疏散大量人流，必须有便捷的公共交通联系。

（2）疏解与中心活动无关的车行交通。如果有大量过境交通通过时，可开辟与市中心主干道相平行的交通道路，在干道上建造高架路或在市中心地区外围开辟环形道路，还应控制车辆的通行时间和方向。

（3）中心区四周布置足够的停车设施。

（4）发展立体交通，建设步行天桥或隧道，以减少人车冲突。

（5）中心区规模相当大时，可划定一定范围作为步行区。

（三）城市中心的空间组织

1. 功能与审美的要求

城市中心空间规划首先应满足各种使用功能的要求，如办事、购物、饮食、住宿、文化娱乐、社交、休息、观光等活动，必须配置相应的建筑物和足够的各种场地。

城市中心空间的规划不仅要处理好土地使用和交通联系，而且还要考虑公共活动中心空间的尺度、建筑形体和市景，也就是中心建筑空间和城市面貌的塑造应考虑审美要求。

在城市中心的空间规划设计中，必须重视整体性和综合性、可接近性和识别性以及空间连续与变化的效果。现代城市中心往往是一组多种功能的建筑群体，应结合交通和环境进行综合设计。

整体性是把建筑、交通、各类场地以及建筑小品等设计作为一个整体统一考虑。综合性是指不同的功能组合在一个建筑体内，增强服务的效率，也指物质使用、社会、经济、文化各方面的综合。公共活动中心的空间组织既要使居民能方便地到达和使用，使各组成部分之间紧密连接以及具有亲切感，同时，也要有一定的特色和个性，反映出地方的风格。

2. 城市中心建筑空间组织的原则

城市中心建筑空间组织的原则之一是运用轴线法则。可以有一条轴线或几条主、次的轴线。轴线可以把中心不同的部分联系起来，成为一个整体，轴线也能把城市中的各个中心联系起来，把街道和广场等串联起来。

中心建筑空间组织的原则之二是统一考虑建筑室内和室外空间，地面、高架和地下空间，专用和公共空间，车行和人行空间以及各空间之间的联系，并能起到好的点缀和组景的作用。建筑及绿地艺术照明可美化城市夜景。

（四）中心商务区

中心商务区（CBD，Central Business District）在概念上与商业区有所区别，中心商务区是指城市中商务活动集中的地区。一般只是在工业与商业经济基础强大，商务和金融活动量大，并且在国际商贸和金融流通中有重要地位的大城市才有以金融、贸易及管理为主的中心商务区。中心商务区是城市经济、金融、商业、文化和娱乐活动的集中地，众多的建筑办公大楼、旅馆、酒楼、文化及娱乐场所都集中于此。它为城市提供了大量的就业岗位和就业场所。

中心商务区一般位于城市在历史上形成的城市中心地段，并经过商业贸易与经济高度发展后才能够形成。例如上海，自鸦片战争后辟为港口商埠，经过一百多年，发展到20世纪40年代，黄浦江西侧外滩地区才形成上海市的中心商务区。1949年以后，由于上海市对国外商贸、金融功能的衰退，中心商务功能也随之消亡。1988年国务院决定开放、开发浦东新区，并在陆家嘴发展金融中心及浦西黄浦区再开发，为振兴上海市经济和重建上海中心商务区起到了重要作用。

（五）商业区与购物广场

1. 商业区的内容、分布及形式

现代城市商业区是各种商业活动集中的地方，以商品零售为主体以及与它相配套的餐饮、旅宿、文化及娱乐服务，也可有金融、贸易及管理行业。商业区内一般有大量商业和服务业场所，如百货大楼、购物中心、专卖商店、银行、保险公司、证券交易所、商业办公楼、旅馆、酒楼、剧院、歌舞厅、娱乐总会等。

商业区的分布与规模取决于居民购物与城市经济活动的需求。人口众多，居住密集的城市，商业区的规模较大。根据商业区服务的人口规模和影响范围，大、中城市可有市级与区级商业区，小城市通常只有市级商业区，在居住区及街坊布置商业网点，其规模不够形成商业区。

商业区一般分布在城市中心和分区中心的地段，靠近城市干道的地方，需有良好的交通连接，使居民可以方便地到达。商业建筑分布形式有两种：一种是沿街发展，另一种是占用整个街坊开发。现代城市商业区的规划设计多采用两种形式的组合，成街成坊地发展。西方国家的城市一般都有较发达的商业区，例如，美国城市的闹市区，德国城市的商业区。商业区是城市居民和外来人口经济活动、文化娱乐活动及社会生活最频繁集中的地方，也是最能反映城市活力、城市文化、城市建筑风貌和城市特色的地方，而步行商业街（区）是商业区最典型的形式。

2. 购物市场

市场是最古老的一种商品交易场所。市场的出现较城市早，市场是由集市贸易发展而形成的。现在不论在我国或者国外的城镇仍有各种市场存在。从市场的性质分析，有交易农副产品、水产品、果品及食品的专业市场，有专门销售家用杂货、小商品、服装、家用电器、建材等各类商品的专业市场，还有综合性的大型市场和专营批发的市场。由于商品零售要考虑方便居民购买和大宗商品交易的需要，城市各类市场已经成为城市商业活动空间不可缺少的部分。

现代城市建设和城市规划中安排各类市场用地可以露天设置或布置在一个大空间的建筑物中，也可以采用露天与室内相结合的布局。

二、城市中心实例

1. 上海市中心

上海作为有近百年历史的商埠城市，市中心历来在黄浦江西岸外滩与南京东路两侧地段。根据上海市经济发展战略及城市总体规划，上海市中心仍旧定位在这个区域，但范围扩大到浦东陆家嘴开发区。中心范围东起浦东陆家嘴，西至人民广场，并以南京东路为市中心发展轴线。陆家嘴与浦西外滩一带集中了大量金融机构、银行、证券交易所、保险公司及商业贸易机构，形成金融商贸区。

南京东路外滩到黄河路全长约 1900m，是上海市最主要的商业街，集中了大量百货公司、专卖店、商场、旅馆、餐饮、旅游观光等服务与文化娱乐设施。南京东路已改建为步行街，街道上设置了许多环境设施和绿地，成为一个很有特色，魅力独具的商业街。黄河路南为人民公园和人民广场，广场内设置市政府、博物馆、大剧院等重要公共建筑及大面积绿地，是集行政办公、市民休闲、文化娱乐为一体以及节日集会的场所。

1991 年 4 月，上海市市长与法国政府公共工程部正式签署的会谈纪要明确提出："中法两国合作组织陆家嘴金融中心区规划国际设计竞赛"。1992 年 11 月，经挑选的英国罗杰斯、法国贝罗、意大利福克萨斯、日本伊东丰雄、我国上海联合设计小组五家正式提交了有关陆家嘴中心商务地区（CBD）规划国际咨询设计方案，并进行了国际专家评审会。方案深化之后确定了核心区、高层带、滨江区、步行结构和绿地共四个层面的空间层次。在核心区结合 88 层金茂大厦的选址，设置"三足鼎立"的超高层建筑区，同时结合高层建筑和中心绿地形成我国传统的"阴阳太极"美学概念对比，共筑陆家嘴中心商务区特有的标志性景观。1993 年 8 月最终批准的陆家嘴中心商务区占地约有 171hm^2，规划建筑面积约 435 万 m^2，平均毛容积率 2.44，在中心商务区内形成五大功能组团。

2. 英国伦敦斯特文内几新镇中心规划

斯特文内几是大伦敦外围的一个新镇，原始规划的人口规模为六万人。这个中心是英国新镇中心具有代表性的一个，中心区内步行交通与汽车交通完全分开，是英国新镇中第一个禁止汽车行驶的步行中心区。镇中心用地呈长方形,通行汽车的道路布置在镇中心的四周,镇中心设有一条南北向的步行商业街,向东有两条支路,西侧有一个市政广场,广场西侧设有公共汽车站。步行街的两侧布置有两层和三层商店,商店背面与通车道路连接。

20世纪60年代,由于汽车交通的发展,在镇中心南、北干道上增设高架道路,让过境车辆通行,减少对中心的干扰。新镇中心各种设施齐全,能满足市民各种社会活动的需求。中心区的建筑造型统一协调,市政广场上布置喷水及钟楼,建筑细部处理也很精致。缺陷是原设计的广场尺度偏小,大量居民活动感到拥挤。

3. 东京新宿副中心规划

新宿副中心位于东京市中心以西约15km,面积约为96hm^2,是一个多功能综合性副中心,白天可容纳30万人工作和活动。新宿采用多层空间布局,立体化道路系统引入市中心,在地下设置商业街及其他公共建筑。地面多采用多功能综合性建筑,将旅馆、餐馆、超级市场、剧场、游乐场所及办公楼组织在一幢或一群建筑物中。新宿主要分为三个区:超高层街区建筑区、西门口广场区及中央公园区。超高层建筑其规划布局原则是步行与汽车交通分离,保障行人安全。每个街区原则上建设一幢超高层建筑,高度不超过250m。新区内道路宽度30—40m。道路交叉口均为立体交叉。东西向道路在地面层,南北向道路为高架道路,建筑物与不同标高的道路直接连通,上下层道路人行道之间有阶梯相连,不必跨越车行道。

三、城市广场

广场是由于城市功能上的要求而设置的,是供人们活动的空间。城市广场通常是城市居民社会生活的中心,广场上可进行集会、交通集散、居民游览休憩、商业服务及文化宣传等。

1. 不同性质的广场

(1)市民广场

市民广场多设在市中心区,通常它就是市中心广场。在市民广场四周布置市政府及其他行政管理办公建筑,也可布置图书馆、文化宫、博物馆、展览馆等公共建筑。市民广场平时供市民休息、游览,节日举行集会活动。广场应与城市干道有良好的衔接,能容纳疏导车行和步行交通,保障集会时人车集散。广场应考虑各种活动空间,场地划分,通道布置需要与主要建筑物有良好的关系。可以采用轴线手法或者自由空间构图布置建筑。广场应注意朝向,以朝南为最理想。市民广场上还应布置有使用功能和装饰美化作用的环境设施及绿化,以加强广场气氛,丰富广场景观。

(2)建筑广场和纪念广场

为衬托重要建筑或作为建筑物组成部分布置的广场为建筑广场。如巴黎罗浮宫广场,纽约洛克菲勒中心广场。

为纪念有历史意义的事件和人物，如长征中的遵义会址、南京雨花台烈士陵园，可设置纪念性广场。在建筑广场及纪念性广场上可布置雕塑喷泉、碑记等各种环境设施，要特别重视这类广场的比例尺度、空间构图及观赏视线、视角的要求。

（3）商业广场

城市商店、餐饮、旅馆、市场及文化娱乐设施集中的商业街区常常是人流最集中的地方。为了疏散人流和满足建筑的要求，需要布置商业广场，我国有许多城市有历史上形成的商业广场，如苏州玄妙观广场、南京的夫子庙、上海城隍庙。国外城市的商业广场已经纳入步行商业街及步行商业区系统，布置商业广场十分普遍。

（4）生活广场

生活广场与居民日常生活关系最为密切，一般设置在居住区、居住小区或街坊内。面积较小，主要供居民休息、健身锻炼及儿童游戏活动使用。生活广场应布置各种活动设施，并布置较多绿地。

（5）交通广场

交通广场分两类：一类是道路交叉的扩大，疏导多条道路交汇所产生的不同流向的车流和人流交通；另一类是交通集散广场，主要解决人流、车流的交通集散，如影、剧院前的广场，体育场，展览馆前的广场，工矿企业的厂前广场，交通枢纽站站前广场等，均起着交通集散的作用。在这些广场中，有的偏重于解决人流的集散，有的偏重于解决车流、货流的集散，有的对人、车、货流的解决均有要求。交通集散广场车流和人流应很好地组织，以保证广场上的车辆和行人互不干扰，畅通无阻。广场要有足够的行车面积、停车面积和行人活动面积，其大小根据广场上车辆及行人的数量决定。在广场建筑物的附近设置公共交通停车、汽车停车场时，其具体位置应与建筑物的出入口协调，以免人、车混杂，或车流交叉过多，使交通阻塞。

在交通枢纽站前广场上，当客货运站合设时，交通较为复杂，在这种情况下，主要应解决人流、车流、货流三大流线的相互关系，尽可能地减少三者的交叉干扰。一般应为货运设置通向站房的独立出入口和连接城市交通干道的单独路线。长途公共汽车站往往与铁路车站的广场相连接。为了合理地组织站前交通，特别要使站房的出入口与城市公共交通车站和停车场等的位置配合好，以便在最少数量的流向交叉条件下，使广场上的步行人流和车流通畅无阻，并注意步行人流线路与车流线路尽量不相交混。在可能条件下，可考虑修建地下人行隧道或高架桥，使旅客直接从站房到达公共交通车站的站台或对面的人行道上去。站前广场上的建筑，除车站站房及其他有关交通设施外，还有邮政、旅馆、餐厅、货运等服务设施，可组成富有表现力的城市大门建筑群，丰富城市面貌，给旅客留下深刻的印象。码头前广场其性质与铁路车站广场基本上相同，其布局原则上与铁路车站广场相似。

2. 不同形状的广场

广场因内容要求、客观条件的不同而有不同的规划处理手法。

（1）规则形广场

广场的形状比较严整对称，有比较明显的纵横轴线，广场上的主要建筑物往往布置在主轴线的主要位置上。

①方形广场

在广场本身的平面布局上，可根据城市道路的走向、主要建筑物的位置和朝向来表现广场的朝向。随着广场长度比的不同，带给人们的感觉也不同。巴黎旺道姆广场（Place de Vendome）。始建于17世纪，平面接近方形（长141m，宽126m），有一条道路居中穿过，为南北轴线，横越中心点有东西轴线。中心点原有路易十四的骑马铜像，法国大革命被拆除，后被拿破仑为自己建造的纪功柱所代替，纪功柱高41m，广场四周是统一形式的三层古典主义建筑，底层为券柱廊，廊后为商店。广场为封闭型，建筑统一、和谐，中心突出。纪功柱成为各条道路的对景。这样的广场要组织好交通，使行人活动避免交通的干扰。而过去欧洲历史上以教堂为主要建筑的广场，因配合教堂的纵向高耸的体形，多以纵向为轴线。如意大利维基凡诺（Vigevano）城的杜卡广场（Place Ducale）是一个较长的矩形广场（长124m，宽40m），建于15世纪，是保存比较完整的早期文艺复兴时期广场。广场三面被两层建筑围合，仅一侧有道路通过，封闭感好。建筑的底层为券柱廊，呈长条形，与高塔形成强烈的透视效果。该广场在使用上能满足现在城市生活的要求，具有很大吸引力。

②梯形广场

由于广场的平面为梯形，因此，有明显的方向，容易突出主题建筑。广场只有一条纵向主轴线时，主要建筑布置在主轴线上，如布置在梯形的短底边上，容易获得主要建筑的宏伟效果；如布置在梯形的长底边上，容易获得主要建筑与人较近的效果。还可以利用梯形的透视感，使人在视觉上对梯形广场有矩形的广场感。罗马的卡皮多广场是罗马市政广场，建于16—17世纪。广场呈梯形，进深79m，两侧宽分别为60m及40m，西侧主入口有大阶梯由下向上。广场正面布置一排雕像，中心布置骑像。建筑布局在视觉上突出中心，使建筑物产生向前的动感，表现出巴洛克城市空间特征。

③圆形和椭圆形广场

圆形广场、椭圆形广场基本上和正方形广场、长方形广场有些近似，广场四周的建筑，面向广场的立面往往应按圆弧形设计，方能形成圆形或椭圆形的广场空间。罗马圣彼得教堂前广场，建于17世纪，由一个梯形广场及一个长圆形广场组合构成，是一个有代表性的巴洛克式广场。广场总进深为327m，长圆形广场长径与短径分别为286m及214m。梯形广场进深113m，梯形短边与长边分别113m及136m。长圆形广场中央建有纪功柱，其两侧布置喷泉。圣彼得广场与教堂是一个整体，广场的性质既是一个宗教广场，又是一个建筑广场。

（2）不规则形广场

由于用地条件，城市在历史上的反战和建筑物的形状要求，会产生不规则形广场。不规则形广场不同于规则形广场，平面形式较自由。如意大利威尼斯圣马可广场（Plazza San Marco）、佛罗伦萨的西诺里广场（Piazza della Signoria）及锡耶纳的坎波广场（Piazza del Campo）都是很有特色的不规则形广场。圣马可广场建于14—16世纪，南面迎海，是城市中心广场及城市的宗教、行政和商业中心。圣马可广场平面由三个梯形组成，广场中心建筑是圣马可教堂。教堂正面是主广场，广场为封闭式，长175m，两端宽分别为90m和56m。次广场在教堂南面，面向亚德里亚海，南端的两根纪念柱既限定广场界面，又成为广场的特征之一。教堂北面的小广场是市民游憩、社交聚会的场所。广场的建筑物建于不同的历史年代，虽然建筑风格各异，但能相互协调。建于教堂西南角附近的钟楼高100m，在城市空间构图上起控制全局的作用，成为城市的标志。

3. 广场的规划设计

（1）广场的面积与比例尺度

①广场的面积

广场面积的大小形状的确定取决于功能要求、观赏要求及客观条件等方面的因素。功能要求方面，如交通的广场，取决于交通流量的大小、车流运行规律和交通组织方式等。集会游行广场，取决于集会时需要容纳的人数及游行行列的宽度，它在规定的游行时间内能使参加游行的队伍顺利通行。观赏要求方面，应考虑人们在广场上，对广场上的建筑物及纪念性装饰性建筑物等有良好的视线、视距。在体形高大的建筑物的主要立面方向，宜相应地配置较大的广场。但建筑物的体形与广场间的比例关系，可因不同的要求，用不同的手法来处理。

②广场的尺度比例

广场的尺度比例有较多的内容，包括广场的用地形状；各边的长度尺寸之比；广场大小与广场上的建筑物的体量之比；广场上各部分之间相互的比例关系；广场的整个组成内容与周围环境，如地形地势、城市道路以及其他建筑群等相互的比例关系。广场的比例关系不是固定不变的，例如，天安门广场的宽为500m，两侧的建筑，人民大会堂、革命历史博物馆的高度均在30—40m之间，其高宽比约为1：12。这样的比例会使人感到空旷，但由于广场中布置了人民英雄纪念碑，丰富了广场内容，增加了广场层次，一定程度上弱化了空旷感，以达到舒适明朗的效果。

③广场的界面围合

界面围合是广场空间的重要品质。广场的角部越少开敞，周围建筑物越多，其界面往往越延续，广场围合的感觉就更强。而广场周围建筑屋顶轮廓线的特征、高度的统一性以及空间本身的形状等，也影响着广场的界面围合。比如，巴黎旺道姆广场、罗马波波洛广场等，都是具有良好界面围合的广场实例。

（2）广场的空间组织

广场空间组织主要应满足人们活动的需求及观赏的要求。观赏又有动静之分。人们的视点固定在一处的观赏是静态观赏；人们由这一空间转移到另一空间的观赏，便产生了位移景异的动态观赏。在广场的空间组织中，要考虑动态空间的组织要求。

（3）广场上建筑物和设施的布置

建筑物是组成广场的重要因素。广场上除主要建筑外，还有其他建筑和各种设施。这些建筑和设施应在广场上组成有机的整体，主从分明。满足各组成部分的功能要求，并合理地解决交通路线、景观视线和分期建设问题。

（4）广场的交通流线组织

有的广场还需考虑广场内的交通流线组织以及城市交通与广场内各组成部分之间的交通组织，其中以交通集散广场更为复杂。组织交通的目的，主要在于使车流通畅，行人安全，方便管理。广场内行人活动区域，要限制车辆通行。

（5）广场的地面铺装与绿化

广场的地面是根据不同的要求而铺装的，如集会广场需有足够的面积容纳参加集会的人数，游行广场要考虑游行行列的宽度及重型车辆通过的要求。其他广场亦需考虑人行、车行的不同要求。广场的地面铺装要有适宜的排水坡度，能顺利地解决广场的排水问题。有时因铺装材料施工技术和艺术处理等的要求，广场地面上需要划分网格或各式图案，增强广场的尺度感。铺装材料的色彩、网格图案应与广场上的建筑，特别是主要建筑和纪念性建筑密切结合，以起引导、衬托的作用。

（6）城市中原有广场的利用改造

旧城市中存留下来的广场，往往是经过不同时期、不同要求、改建扩建而成。新城市中规划的广场，也要有一定时间方能形成，有时因时间推移，也会有新要求，而产生改建、扩建的问题。对旧广场的改建、扩建或复原整修，都应充分利用原有基础设施。

北京的天安门广场，就是经过不同的时代，不同的要求，改建而成今天的面貌。天安门广场源起于明代，清时为丁字形闭合广场，广场之北为主要建筑天安门，南面为对景建筑大清门、正阳门，左右为长安左门、长安右门，周围用红墙封闭。背面靠红墙处为金水河，其余靠红墙处为千步廊。这里戒备森严，是封建王朝宣示威武的地方。随着封建王朝的崩溃，并通过改造，解决了天安门广场的交通问题，沟通了东西长安街和北京东西城区的交通，中华人民共和国成立后对天安门广场进行了改建和扩建，首先在广场中建立了人民英雄纪念碑，1959年对广场进行了规划，在东西两侧分别建立了革命历史博物馆和人民大会堂，1977年又建立了毛主席纪念堂，成为历史上的重要场所。

4. 广场实例

（1）最美的客厅：锡耶纳坎波广场

坎波（Campo）广场位于市中心，是锡耶纳几个区在地理位置上的共同焦点。广场呈不规则形，是一个全部被建筑物围合的广场，拥有非常好的界面。市政厅建于广场南部。在市政厅对面，西北侧呈扇形平面，广场地面用砖石铺砌，由西北向东南倾斜，创造了排水与视线的良好条件。广场市政厅侧面高耸钟塔，与四层建筑形成强烈对比。广场周边的建筑既包含城市历史性的要素，又有城市生活的发生，因此活动性很强。锡耶纳的主要城市街道均在坎波广场上汇合，经过窄小的街道进入开阔的广场，使广场具有戏剧性的美学效果。广场上重要建筑物的细部处理均考虑从广场内不同位置观赏时的视觉艺术效果。

（2）城市的入口：罗马波波洛广场

波波洛广场（Piazza del Popolo）又称人民共和广场，是一个广场作为城市入口的优秀范例，位于罗马北端波波洛城门南侧。在铁路出现之前，它一直是罗马市北来北往的门户，交通位置十分重要。自从穿越性交通管制措施执行以后，该入口仅开放计程车与部分行人进出，市民广场的重要性不复往日，最后成为罗马城市结构中的广场之一。今天，它是花园的一个漂亮入口和三条街道的交汇处。

（3）空间的连接：佛罗伦萨德拉·西尼奥拉广场

六个世纪以来，德拉·西尼奥拉广场一直扮演着佛罗伦萨市政中心的角色。

本质上，这是一座中世纪形式的广场，街道貌似随意地从不同角度进入，然而，却没有任何一个视角可以直接穿透广场。就西堤的定义来说，这是一个完全包被型广场。在这个城市中心有三座重要的建筑物：韦基奥宫，洛贾·阿德拉兹凉亭（佣兵凉亭）和广场北部的乌菲齐宫。而主要广场是由两个独立但相互交错的空间所组成，在两个广场空间的边界中心点上放置了骑马雕像，作为广场分界，其轴线平行于韦基奥宫的轴线，并延续到大教堂的穹顶，海王星喷泉处有两广场的支点。雕像喷泉边界一起所限定的两个十字的中心性，强化了广场的中心性。

洛贾·阿德拉兹凉亭作为空间过渡，是通往乌菲齐宫的开口。乌菲齐宫围合的长条形小空间，则是空间群组中的第三个广场，原本的设计是作为佛罗伦萨市民中心面前一点活动的舞台，后来变成了美丽的雕塑展示空间，广场平面跟周边建筑紧密结合，具有良好的组合关系。而广场不规则的形式，起到了连接性的作用，强调了进入狭长的长廊，一直过渡到河边，整体的建筑界面非常连续。

四、城市街道

1. 街道的类型

按内涵区分街道的类型：

（1）符合工程标准的街道。街道应具有科学合理的容量，如工程师所设计的交通路线为每小时超过其所能够容纳的车流量提供服务，这无疑把街道降低到了下水道的层次，一条有助于排放高速车流的下水管。

（2）值得纪念的街道。凯文·林奇所要求的值得纪念的街道，有起点和终点，沿着长度设有各种确定的地点或节点,以做各种特殊用途或互动。这种道路可大可小,有着成对比的元素,但最重要的是,它在连接的地点必须为观者提供刺激和值得纪念的印象。

(3)具有场所或外部空间功能的街道。这种街边必须拥有类似公共广场一样的封闭性特质,其绝对度量必须维持在合理的比例范围内。可能拥有三种主要元素:出入口、场所本身以及一个终点或出口。

按功能划分街道的类型:

(1)交通的街道。可以划分为主干路、次干路、支路。TRD,大运量交通,公共专用线等也都属于交通类型的街道。

(2)社会交往的街道。

(3)商业型街道。

(4)兼容的街道。

2. 街道的长度与比例

(1)街道的长度

西特建议街道的连续不间断长度的上限大概是1500m(约1英里),认为超出这个范围人们就会失去尺度感。长的街景是预备着用于特殊街道、重大的庆典及有国事的公共道路。这种庄严的街道可以使一个首都城市增色。而微不足道的小尺度街道多是用于普通的事务。甚至是阿尔伯蒂这个严格古典主义者,也称颂小尺度和扭曲的街道。另外,街道不仅只是通道,也有着一系列相互关联的地点,以供人停留而非只是路过一下。林奇认为街道是被一系列节点所激活的路径,这些节点是其他道路和它的交叉点。

(2)街道的比例

在街道设计中,比例的定义已经逾越对原有的长、宽、高三者比例的理解,扩大为包含街道各部分的相互关系及其和总体构成之间的比例。街道的宽度和周围建筑高度的比例对设计很重要。根据芦原义信观察,如果设街道的宽度为D,建筑外墙的高度为H,则当$\frac{D}{H}>1$时,随着比值的减小会产生接近之感,超过2时则产生宽阔之感;当$\frac{D}{H}<1$时,随着比值的减小会产生接近之感;当$\frac{D}{H}=1$时,高度和宽度之间存在着一种匀称之感,显然$\frac{D}{H}=1$是空间性质的一个转折点。

除尺度和比例等要素外,天气及其建筑物的形式的影响也是非常重要的。如果城市处于寒冷地带,街道应设置得愈宽,以使街道的两边都可以沐浴到阳光;如果城市处于热带国家,街道应该狭窄,两边建筑物应该高,这样形成的阴影和街道的狭窄可以调和当地的炎热,更加有利于人们的健康。

3. 街道的规划设计

(1)街道空间设计的基本要求

普林茨对街道空间进行了的如下分析。

街道空间设计应满足的基本要求:

①满足交通和可达性。无论是街道，抑或是道路，首先是作为一地至另一地的联系的通道或土地分隔利用而出现的，因此保证人和车辆安全、舒适的通行就很重要：处理好人、车交通的关系；处理好步行道、车行道、绿带、停车带、街道交接点、人行横道以及街道家具各部分的关系；街道应按多维空间考虑，应注意要尽量使人们在同一层面上运动；由于人们有走近路的习惯，街道的设计除了应具备美观和趣味性之外，还应能与行进的主要目标配合，尽可能地将主要目标安排在街道内人的流动线上，减少过分曲折迂回；由于街道在不同地段中人流、车流的活动情况不同，其横剖面宽窄应有所不同。所以最好是将街道分成不同段落，并对其进行功能、人流和车流疏密程度的研究，并相应决定其宽窄变化。

②步行优先的原则。在城市中的许多地段，尤其是中心区和商业区、游览观光的重要地段，要充分发挥土地的综合利用价值。创造和培育人们交流的场所，就必须鼓励步行方式并在城市设计中贯彻步行优先的原则，建立一个具有吸引力的步道连接系统。这也是美国等发达国家在城市中心区复兴和旧城改造中取得成功的重要经验之一。1980年，在日本东京召开的"我的城市构想"座谈会上，人们提出了街道建设的三项基本目标："能安心居住的街道；有美好生活的街道；被看作是自己故乡的街道。"这三项目标都是与人的步行方式密切相关的。

③物质环境的舒适。最出色的街道是舒适的，至少在设施方面做到尽可能舒适。它们利用各种要素提供适宜的保护，但并没有避开或者忽视自然环境。我们不可能指望阿拉斯加的城市在冬季也很温暖，但它可以在当地的环境下尽量暖和些，而不是比它本来的温度更低。好的城市街道能够避风，在城市街道上，风力只占城外开阔地的25%—40%，除非建筑的布局和高度加快了风速。与气候相关的舒适度特征还是可以合理量化的，它们完全有理由成为出色街道的组成部分。过去敏锐的设计者在规划街道时了解到这种需求，不过常常是出于直觉。现在有可能通过对未来街道环境的量度和预测比以前做得更好。

④空间范围的界定。出色的街道有空间范围的界定。它们有边界，通常是这样或那样的墙体明确标识出街道的边缘，使街道脱颖而出，把人们的目光吸引到街道上来，从而使它成为一个场所。街道的界定体现在两个方面，垂直方向与水平方向，前者同建筑、墙体或树木的高度有关，后者受界定物长度和间距的影响最大。也会有些界定物出现在街道的尽端，既是竖向的又是水平的。竖向的界定既与比例有关，也受绝对数量的影响。一条街道越宽，用来界定它的体量和高度也越大，直到某些底宽的街道宽阔到以至于不管边界建筑高度如何，都不再有真正意义上的街道感。而许多出色的街道都是绿树成行的，并且它们在界定街道中的作用与建筑是同等重要的。另一个因素对街道空间的界定也很重要，即沿街建筑的间距，密集的建筑比稀疏的建筑更能有效地界定街道空间。

（2）街道设计的一致性

出色的街道上的建筑物彼此十分和谐、体现出相互尊重，却不千篇一律。其协调性的决定因素则往往在于借助一系列特征的强调，来体现相互之间以及对街道整体的尊重。而影响街道设计的一致性的因素有许多种，其中以沿街的建筑物形式最为重要。当建筑的三维形式感很强烈的时候，建筑体量成为视觉景象的主角，空间就会丧失其重要性。沿街建筑有着变化的形式、风格和处理方式时，空间也就失去了其鲜明的特征。吉伯德提出："街道不是在建造正面，而是营造一个空间；同时，街道也可以扩展成较宽的空间如广场、围场。"其次，使用通用的材料、细部和建筑元素能加强街道感。而更重要的是开发时，共同屋檐线的指定以及相似性间距尺寸的引用。如果只是在一定范围内变化，依旧可以维持街道景观的整体性，并且避免单调无聊。然而，对于组构街道的个别建筑物，并不需要绝对的相似，通常只要地面层有一个强烈的主题能组合整体就足够了。典型的方法是在建筑的较低层，引用柱廊或拱，可以使购物者免受风雨之苦。同时具有建筑元素的功能，将混杂凌乱的建筑体整合在一起。

体现街道一致性与完整性的一个优秀例子就是牛津亥街（High Street），这是一条曲线形的街道，与其他几条主要道路一起，在卡尔菲斯处以直角相交。从卡尔菲斯开始，该街是笔直的，但自圣玛丽至麦达伦桥则是弯曲的。牛津亥街优美的曲线，可能是为了方便连接一个设计好的社区重点和一条横穿的重要河流，或者是为了小心穿越沿着古代人行道两侧的现有私人产业。无论导致目前模式的理由为何，其结果都是产生一连串美丽的街景画面，到处都有尖塔、塔楼从低矮的建筑中窜出。汤玛士·夏普（Thomas Sharp）认为这条街道"是英国最为经典的伟大艺术作品"。

（3）轴线规划

除了方格平面外，直线街道也常常和轴线型的城市设计相结合，其中有两个杰出的案例：一个是由西克斯图斯五世所主导设计的罗马，另一个则是奥斯曼为拿破仑三世所规划的巴黎。西克斯图斯五世极力发展一个通路架构，让朝圣者可以自由地从一个教堂走到另一个教堂。西克斯图斯五世所规划的宗教游行路线，为后期的建筑发展奠定了良好的模式。奥斯曼也考虑了动线，但在比例中却以军队的快速移动作为考量，以维持城市的秩序，其设计也为城市街道设计留下了卓越的典范。

而约翰·纳什等受令设计的伦敦摄政街，联系了摄政公园到詹姆士公园，再沿着林荫道到达白金汉宫，这个区域的开发成为欧洲城市设计的杰作。波特兰广场是这条新街道的最北端起点，并预告了摄政街街道序列的壮丽入口。往南，纳什让这条路通过一个圆环横穿了牛津街，圆环不仅定义了一个重要结点，又便于转向。而从四分区开始，街道以90°直角在波卡通卡尔顿官邸穿行而过。自从纳什完成了这条街道设计以后，已经经历了很多改变，但从摄政公园到白金汉宫的道路主题上保持了其原有路线和城市风貌。这其中充分体现了好的城市设计并不脱离周边建筑而独立存在的。

（4）街道地面景观

地面景观是和谐、有机整体的重要组成部分。在街道空间中有两种主要的地面类型——"硬质"元素和"软质"元素。硬质的地面景观是"硬质"元素的核心内容。地面景观能明确地被设计来增强空间的审美特征，其尺度感可以来自所用材料的尺度，不同材料的式样或者两者结合。地面景观的式样常常起着打破大的尺度，把硬的表面变得更易于管理、更符合人体尺度的重要美学功能；地面景观的图案则能强化街道的线形特征，通过以视觉上动态的图案提供方向感来强调其"路径"特征，街道家具的质量和组织是衡量城市空间质量最基本的标准，还可以强调空间的"场所"特征。街道家具则是与地面景观不同的"硬质"元素，可以包括灯柱、电话亭、长椅、喷泉、公共汽车站等，公共艺术也是街道家具的一种形式。软质的景观设计属于"软质"元素，是创造街道特色和个性的决定性因素之一。软质景观是硬质景观的一种对比和衬托，并增加了人体尺度感。树和其他的植物表现季节的变化，可以提高城市环境在时间上的可识别性，增加不同环境的一致性，并在结构方面也起着重要的美学作用。在所有的城市环境中都应积极地配置树木，应联系城市景观的整体效果来进行树木的选择和定位。

4. 步行商业街（区）

（1）步行商业街的定义与功能

步行是市民最普遍的行为活动方式。人们的步行系统是组织城市空间的重要元素。步行系统包括步行商业街、林荫道、空中的和地下的步行街（道），其中步行商业街是步行系统中最典型的内容。

当人们在公共场所擦肩而过，是一种最重要的基本社会交流之一，而步行街就隐含了这种功能。步行街（区）是城市开放空间的一个特殊分支，它从属于城市的人行步道系统，是现代城市空间环境的重要组成部分，是支持城市商业活动和有机活力的重要构成。确立以人为核心的观念是现代步行街规划设计的基础。同时，步行街建设的成功与否还关系到城市中某特定地段的发展，乃至整个城市的生活状态。

街道空间自古就是"步行者的天堂"。而今天，对街道回归的更多重视，步行街（区）作为一种最富有活力的街道开放空间，已经成为城市设计中最基本的要素构成之一。

（2）步行商业街的设计要点

步行街（区）的设计，最关键的是城市环境的整体连续性、人性化、类型选择和细部设计。从城市设计的角度来看，步行要素应有助于基本城市要素的相互作用，强有力的联系现存的空间环境和行为格局，并有效地与城市未来的物质形态变化相联系。

概括起来，步行街有以下优点：
①社会效益——它提供了步行、休憩、社交聚会的场所，增进了人际交流和地域认同感；
②经济效益——促进城市社区经济的繁荣；
③环境效益——减少空气和视觉的污染，较少交通噪声，并使建筑环境更富于人情味；
④交通方面——步行道可减少车辆，并减轻汽车对人活动环境所产生的压力。

5. 街道（区）实例

（1）废墟中的重建开发：英国考文垂中心步行区

英国考文垂中心步行区是结合战争期间毁掉的房屋重建并开发的步行街，在步行街的周围设置了1700辆汽车停车位，中心广场在步行商业区的一段。广场把商业区与文化中心联结起来，广场不仅环境优美，而且组织了二层平台的步行交通。

（2）两层空间的利用：瑞典斯德哥尔摩魏林比中心区

瑞典斯德哥尔摩魏林比中心区的性质和功能与哈罗新城中心属同一种类型，但在设计手法上扩展到两层空间的利用，中心区结合铁路车站布置，地面层形成 700m×800m 的步行平台，这种手法对许多城市旧区改建有深远影响。

（3）特色地段的整治：上海市南京东路步行商业街南京东路步行街东起河南路，西至西藏路，全长约 1050m。南北分别以平行南京东路的九江路、天津路为界，两侧纵深约为 200m。原南京东路上行驶的车辆交通转移到九江路上和天津路上，地铁二号线在人民公园及河南中路设站，解决了步行街的公共交通问题。

南京东路步行街建设，除对两侧街面建筑进行改建，在街道上布置环境设施外，还增加了三处较大面积的开放空间布置绿地，分别位于西藏中路以西、浙江中路、福建中路及河南中路，使得步行街更具特色。

（4）街区的更新改造：重庆杨家坪步行商业街区

重庆杨家坪地区地处成渝经济走廊的前沿阵地，是重庆西部的重要交通枢纽，工业基础雄厚、交通便捷、人口密集、辐射面宽。杨家坪商圈是重庆五大商圈之一，而杨家坪步行街所在地区属杨家坪商圈的核心部分。

2001 年开始的杨家坪步行街的规划和改造建设，是当时九龙坡区城镇化战略的一号工程。一方面，承担着塑造城市副中心和九龙坡区"退二进三"产业结构调整的重任，杨家坪中心地带的商业业态和购物环境亟需提升和改善；另一方面，杨家坪商圈中心地段被五条交通干线隔断，交通条件差，商圈发展受到了极大限制，改造也是缓解交通矛盾的迫切要求。

杨家坪步行街的城市设计范围为 18.9hm^2，步行区环境景观设计范围为 6 万 m^2。整体城市设计结构为："三元步行系统＋内聚结构核心"，三元步行系统包括城市型步行系统、生态型步行系统、购物廊步行系统。设计上注重城市环境的整体性连续性、人性化、类型选择和细部的设计，系统组织步行要素，强有力的构建街区的环境空间和行为格局。改造建设突出人文景观，体现购物与生态、休闲和文化的和谐统一，为该区人民提供一个集旅游、休闲、购物、生态于一体的生活环境美化城市形象、扩展城市功能、塑造城市品牌，并为城市的产业结构转型作出贡献。如今，该区域已成为重庆市主城区现代金融商贸副中心，也是市民购物游憩休闲的城市标志性公共空间。

五、城市滨水区

1. 滨水区在城市中的作用

城市滨水区作为"城市中陆域与水域相连的一定区域的总称"，一般由水域、水际线、陆域三部分组成。城市滨水区是城市独特的资源，在一定的时期和条件下，它往往是城市活动空间的核心，也是城市空间结构的重要组成部分。城市滨水区揭示了水岸边缘的传承，也证实了经济的发展机遇与科技的变革,应实现多种交通功能模式、城市的发展、开放的用地、海岸线的稳定以及公众的参与等多重目标。

2. 滨水区的规划设计

滨水区对于城市发展长期的主导地位来源于它在执行城市发展战略中表现出的独特价值、弹性和适应能力,通过对滨水区的开发活动可以更科学合理地配置资源、建立秩序、营造氛围,并对周边地区产生强大的带动作用,从而使城市形成自己的特色,提升城市竞争力。

(1) 滨水区的开放性

水体本身是不可建设的,其空间具有开放性,这使得滨水区自然地成为城市重要的公共空间。滨水区往往具有向公众开放的界面,可以赋予公众平等享有的权利,构成了城市的特色和活力区域。在城市设计方面,通常力求用一个开敞空间体系将滨水区和原市区联结起来,并保持通向水边的视线走廊的通畅,使滨水区与城市主要功能区域的发展实现有效互动。

(2) 滨水区的共享性

在规划设计时确保滨水地区的共享性是一个重要原则。让全体市民共同享受滨水地区不仅有社会效益上的考量,而且有经济效益上的考量。在城市设计中,将连续的公共空间沿整个水边地带布置,是保证滨水地区的共享性的好方法。而短视的做法则是将滨水区岸线划开并出让给滨水区的投资者,这样容易损害滨水区的公共使用功能,造成人们的公共活动与滨水区域的隔离,降低滨水区的活力和品质。

(3) 滨水区的交通组织

滨水区往往是陆域边缘,处于交通末梢。因此,滨水区的交通组织就显得尤为重要。如果处理不好,会影响整个区域的可达性以及活力的营造。在滨水区交通系统的组织上,应布置便捷的公交系统和步行系统,将市区和滨水区连接起来。另外,在城市设计中考虑滨水区水上活动的组织,是将陆上和水上项目结合在一起的有效办法,可以吸引更多的陆上游客,丰富旅游的内容,因为水上活动项目本身也是陆上游客观赏的对象,反之亦然。

(4) 滨水区对城市营销的作用

滨水区由于其空间具有开放性,可以充分完整地展示城市天际线,对于城市整体形象的塑造具有非常重要的作用。例如,香港维多利亚湾就勾勒出了城市美丽且富有特色的天际线,自身也成为城市名片。另外,文化也是保持滨水区魅力和竞争力的不竭源泉。滨水区的历史建筑、文化遗产甚至历史地段,浓缩了时代的印记,具有重要价值,有助于滨水区特色的构建。在增强滨水区活力的同时,还可以促进旅游和经济的发展。

(5) 滨水区的防洪及环保

滨水区由于紧靠水体,往往会受到湖水、洪水等自然灾害的威胁。开发滨水地区,必须和水文部门密切合作,认真研究开发工程可能对海水、湖水的潮汐及泄洪能力的影响。而提高滨水区及水体自身的环境质量也对滨水区开发有举足轻重的影响。成功的经验证明,很多城市从水体的治理着手，有效推进了滨水区进一步的开发和投资。

3. 滨水区实例

（1）中心商务区滨水设计：纽约炮台公园区

纽约炮台公园区（Battery Park）是美国下曼哈顿区西面填海而成的 37hm² 的用地。该区涉及办公面积 55 万 m²，住户 1.4 万户，高级酒店与影城综合体、高中、图书馆各一个，博物馆若干。1969 年项目启动时规划方案的概念为"巨构城市"纪念性尺度的建筑、清晰的结构、宏伟的城市景观和开阔的公共空间。但考虑到交通设施造价高昂、巨型结构与原有城市肌理格格不入、市区街道被阻挡通往河面等，因此方案不断被修改。直至 1979 年，库伯和埃克斯塔的规划设计被采纳，提倡融入既有城市结构并延续其设计灵感的文脉主义。

炮台公园区是回归传统的城市设计的方法，即以街道和广场为中心元素形成混合功能的城市街区。其用地被分解成较小的地块，以鼓励更多的开发商和建筑师参与到这个项目中，并循序渐进地建设。同时，滨水区条件被充分利用，设置河滨步行道、港湾以及众多绿地公园。足够用地被保留用来优先建设公共空间和公园，高达 40% 的土地被投入室外公共空间的建设。每处公共空间不求大，但求实用，分散于各个分区，通过滨水步行道相互联系，并由不同地块的不同景观建筑师与艺术家根据不同的主题设计展现出丰富的景观效果。另外，贯彻设计准则，控制建筑体量、尺度和材料，但准则本身又具有足够的灵活性。在 25 年的建设期内，炮台公园管理局的管理和详尽的规划设计一起为整个地区的建筑风格和城市空间的连贯性和可识别性作出了巨大的贡献，使炮台公园区获得了市民的认同感。

（2）滨水区的重塑与复兴：伦敦金丝雀码头

金丝雀码头（Canary Wharf）是伦敦市在 20 世纪 80 年代末 1990 年代初在原废弃的泰晤士河港区基地上建设的全新的国际中央商务区。作为英国自 20 世纪 70 年代的新城运动之后最具影响的城市建设项目，它是大型城市商业开发的典型案例，也是通过城市设计重塑城市空间、带动城市复兴的代表作。金丝雀码头位于伦敦城以东的码头开发区的狗岛区中部，距伦敦市区 4km，三面被泰晤士河环绕，面积 35hm²。业主与开发商为奥林匹克与约克公司、金丝雀码头发展公司，其主要的规划设计者为 SOM。

金丝雀码头规划设计要点主要包括：

①空间结构：强调严谨的构图和轴线关系；中央三幢超高层的办公楼作为地标；沿河为整齐的中高层办公和金融交易建筑，两排建筑之间为一系列公共空间，空间封闭且内聚。

②交通系统：双层林荫大道环绕全岛，分隔人行系统；与伦敦相联系的地铁与轻轨南北向从基地中央穿过。

③开放空间：林荫大道从中央东西向贯穿地块，形成主轴线，并串联起四个不同形状的城市广场。轴线两侧建筑对外部空间限定十分严谨。

④规划的多样性：规划的 26 个地块分别由不同的建筑师在 SOM 指定的总体规划和

立面建议方案的基础上进行设计。1990年业主委托佛瑞德·科特（Fred Koetter）对总规做补充：利用对角线元素打破过于严谨的几何性；在建筑立面上要求底层变得丰富，并特意引入码头区原有的典型建筑元素。

⑤景观小品：规划制订详细规范，如规定柱廊、拱廊、庭院等空间形态以及建筑的尺度、材料和立面处理等细部。

金丝雀码头是利用公共政策引导私人投资进行城市改造的大胆尝试。在城市设计上，它为英国的城市发展带来了观念性的变化。突破了原有"城镇景观"理论的局限，适应了经济全球化时代快速的城市扩张的需求。但是，金丝雀码头的开发建设也曾一度陷入困境，城市基础建设曾滞后数年。其规划设计也存在一定缺陷，例如河滨区域的可达性不强，沿河景观没有得到充分利用，城市功能偏单一等。但整体而言，SOM的总体规划展示了金丝雀码头的城市意象和空间特质，有效地协调了个体建筑间的关系并将其整合成为有机的组群，使这个项目在10多年的建设中能保持其形态上的连贯性。

第三节　控制性详细规划的基础理论

一、控制性详细规划的含义

控制性详细规划以总体规划或者分区规划为依据，以土地使用控制为重点，详细规定建设用地性质、使用强度和空间环境，它强调规划设计和空间环境，强调规划设计与管理及开发相衔接，作为城市规划管理的依据并指导修建性详细规划的编制。这一定义主要是从控制性详细规划在我国城市规划编制体系中的地位出发，阐明了控制性详细规划的主要内容以及其城市建设的作用。

二、控制性详细规划的特征

控制性详细规划有以下特征。

1. 控制引导性和灵活操作性

控制性详细规划的控制引导性主要表现在对城市建设项目具体的定性、定量、定位、定界的控制和引导。这既是控制性详细规划编制的核心，也是控制性详细规划不同于其他规划编制层次的首要特征。控制性详细规划通过技术指标来规定土地的使用性质和使用强度，其以土地使用控制为主要内容，以综合环境质量控制为要点，从以下六个方面进行控制：土地使用性质细分及其兼容范围控制；土地使用强度控制；主要公共设施与配套设施控制；道路及其设施与内外交通关系控制；城市特色与环境景观控制；工程管线控制。控制性详细规划通过对土地使用性质的控制来规定土地允许建什么，不允许建什么，应该建什么，不应该建什么，通过建筑高度、建筑密度、容积率、绿地率等控制指标来控制土地的使用强度，控制土地建设的意向框架，从而达到引导土地开发的目的。

控制性详细规划的灵活操作性一方面表现在适应城市快速发展，可以实现规划管理的简化操作，大大缩短决策、土地批租和项目建设的周期，提高城市建设和房地产开发的效率，控制性详细规划将抽象的规划原则和复杂的规划要素进行简化和图解，再从中提炼出控制城市土地功能的最基本要素，实现规划设计与规划管理相结合，提高规划的可操作性；另一方面，控制性详细规划在确定了必须遵循的控制指标和原则外，还留有一定的"弹性"，如某些质变可在一定范围内浮动，同时一些涉及人口、建筑形式、风貌及景观特色等指标，可根据实际情况参照执行，以更好地适应城市发展变化的要求。

2. 法律效应

控制性详细规划是城市总体规划法律效应的延伸和体现，是总体规划宏观法律效应向微观法律效应的拓展。法律效应是控制性详细规划的基本特征。2008年颁布的《中华人民共和国城乡规划法》进一步强化了控制性详细规划作为指导城市建设的刚性作用，强调它是获得城市国有土地使用权的重要依据，如果擅自更改控制性详细规划中确定的出让条件，将依法追究其法律责任。

3. 图则标定

图则标定是控制性详细规划在成果表达方式上区别于其他规划编制层次的重要特征，是控制性详细规划法律效应图解的表现，它用一系列控制线和控制点对用地和设施进行定位控制，如地块边界、道路红线、建筑后退线及绿化控制线及控制点等。控制性详细规划图则在经法定的审批程序后上升为具有法律效力的地方性法规，具有行政法规的效能。

三、控制性详细规划的作用

控制性详细规划的实施表明我国城市规划管理从终极形态走向动态控制的过程。另外，与形态设计为特征的传统修建性详细规划相比，它还代表了一种新的技术手段，实现了规划设计与规划管理的有机结合。其作用主要有以下四个方面：

1. 承上启下，强调规划的延续性

其承上启下作用主要体现在规划设计和规划管理两个方面：在规划设计上，控制性详细规划是详细规划编制阶段的第一编制层次，它以量化指标将总体规划的原则、意图及宏观的控制转化为对城市土地乃至三维空间定量、微观的控制。从而具有宏观与微观、整体与局部的双重属性，既有整体控制，又有局部要求；既能继承、深化、落实总体规划意图，又可对城市分区及地块建设提出直接指导修建性详细规划的准则。在规划管理上，控制性详细规划将总体规划宏观的管理要求转化为具体的地块建设管理指标，使规划编制与规划管理及城市土地开发建设相衔接。

2. 与管理结合、与开发衔接，作为城市规划管理的依据

"三分规划，七分管理"是城市建设的成功经验。在城市土地有偿使用和市场经济体制条件下，城市规划管理工作的关键，在于按照城市规划的宏观意图，对城市每块土地的使用及其环境进行有效控制，同时引导房地产开发等各项建设的健康发展。控制性详细规划能将规划控制要点，用简练、明确的方式表达出来，作为控制土地出租、出让的依据，正确引导开发行为，实现规划目标，并且通过对开发建设的控制，使土地开发的综合效益最大化。

3. 体现城市设计构想

控制性详细规划可将城市总体规划、分区规划的宏观的城市设计构想，以微观、具体的控制要求进行体现，并直接引导修建性详细规划及环境景观设计等的编制。它对城市设计主要以引导为主，按照美学和空间艺术处理的原则，从建筑单体环境和建筑群体环境两个层面对建筑设计和建筑建造提出指导性综合设计要求和建议，甚至提供具体的形态空间设计示意，为开发控制提供管理准则和设计框架。控制指标主要有建筑色彩、建筑形式、建筑体量、建筑群体空间组合形式及建筑轮廓线控制等。

4. 城市政策的载体

控制性详细规划的编制和实施过程中都包含诸如城市产业结构、城市用地结构、城市人口空间分布、城市环境保护和鼓励开发建设等各方面广泛的城市政策的内容，同时，通过传达城市政策方面的信息，在引导城市社会、经济、环境协调发展方面具有综合能力。在市场运作过程中各类经济组织和个人可以通过规划所提供的政策，辅以城市未来发展的相关政策和信息来消除在决策时所面对的不确定性，从而促进资源的有效配置和合理利用。

第四节 控制性详细规划的控制体系和控制要素

控制体系图归纳出控制性详细规划对土地使用、环境容量、建筑建造、城市设计引导、配套设施、行为活动等六项控制内容，它们共同形成控制性详细规划控制体系的内在构成，并基本上规定了控制性详细规划功能作用的广度。但由于控制内容选取受多种因素影响，因此，对每一规划用地不一定都需要从这六个方面控制，而应视用地具体情况选取其中的部分进行控制。

一、土地使用控制

土地使用控制是对建设用地上的建设内容、位置、面积和边界范围等方面作出的规定，其具体控制内容如图 6-1 所显示的内容。用地边界、用地面积规定了用地的范围大小；用地使用相容性（土地使用兼容）通过土地使用性质兼容范围的规定或适建要求，规定了用地相容或者混合使用的规划要求，便于灵活处理。

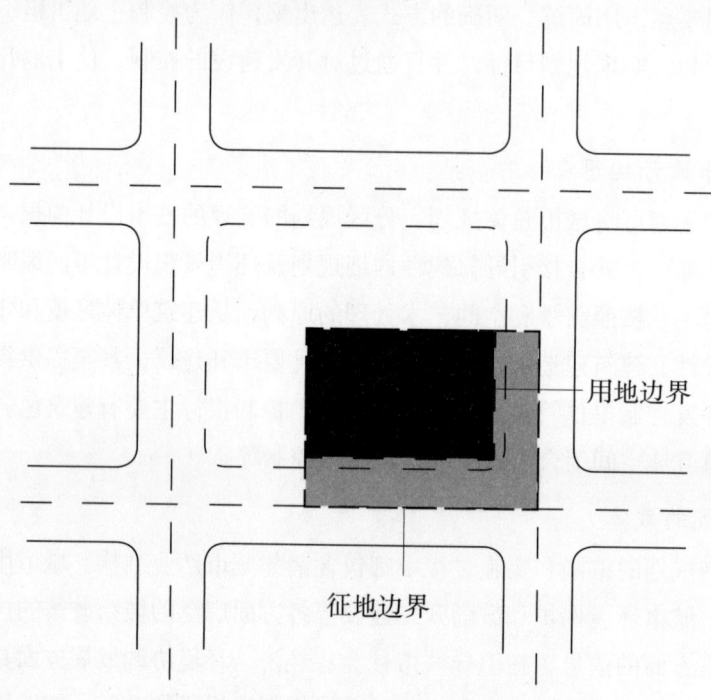

图 6-1 用地与征地边界范围对照示意图

1. 用地面积与用地边界

（1）用地面积

用地面积是规划地块划定用地的平面投影面积，单位为公顷，精确度全国各地略有不同，一般为小数点后两位，每块用地不可有重叠部分。用地面积（Ap）和征地面积（Ag）是有区别的，用地面积是规划用地红线围合的面积，是确定容积率、建筑密度、人口容量所依据的面积，如图 6-1 中短虚线划定的部分；征地面积是土地部门为了征地划定的征地红线围合而成，图 6-1 中长虚线划定部分，显然用地面积小于征地面积，即

$$Ap \leqslant Ag$$

（2）用地边界

用地边界是规划用地和道路或其他规划用地之间的分界线，用来划分用地的权属。一般用地红线表示的是一个控制空中和地下空间的竖直的三维界面。在实践操作中，一般通过在控规图则中对用地边界进行地理坐标标注加以限定。

控制性详细规划的作用主要是为城市规划管理综合开发和土地有偿使用提供依据，将具体的规划设计转化为便于管理的条文、数据和图表，以便从微观上对各规划地块提出具体控制内容和要求，从而强化规划与管理的衔接，为修建性详细规划提供可靠依据。因此，确定用地面积与边界不应停留于简单的表面形式上，而应以用地性质规划为基础，综合考虑开发建设管理的灵活性以及小规模成片更新的可操作性等因素，对地块进行合理划分。

地块划分规模可按新区和旧城改建区两类区别对待，新区的地块规模可划分得大一些，面积控制在 3—5hm² 左右，旧城改建区可在 0.5—3hm² 左右。

2. 土地使用性质控制

用地性质是一项非常重要的控制指标，关系到城市的功能布局形态。关于用地性质的划分我们前面第四章用地分类章节已讲过。对于规划中具体采用哪些用地性质要一般根据所在城市规模、城市特征、所处区位、土地开发性质等土地细分类别。

国家标准《城市用地分类与规划建设用地标准》（GB50137-2011）所囊括的用地类型对控制性详细规划不完全适用，无法为一些用地提供精确的用地分类依据。在全国注册城市规划师考试指定用书之一《城市规划原理》中，关于控制性详细规划的用地分类基于国家标准确定了另外一套标准，为解决上述问题提供了一种思路。

3. 土地使用兼容性

为适应城市发展需求，多种用地性质在同一地块内允许混合布置，以利于综合开发，而有些互相干扰的用地性质则不允许混合布置，这就要求对土地使用性质的兼容作出规定。土地使用的兼容主要用用地的适建表来反映，给规划管理提供一定程度的灵活性。

（1）土地使用兼容表控制

为了使控制性详细规划既有"弹性"，又不失去控制作用，各地拟定了控制性详细规划土地使用性质兼容表。

（2）土地使用兼容的原则

①促进相关功能建筑的集中布置。

②提高土地经济效益。

③减少环境干扰。

④确保非营利性设施，市政设施用地不被占用。

⑤保持土地使用的有限灵活性，允许部分建筑、设施混合布置。

⑥土地使用兼容应注意到其宽容度和灵活性以提高应变能力，同时又不和总体规划相违背。就具体分类各地应从实际出发具体对待。

（3）建筑性质兼容

土地使用兼容包括用地上的兼容和建筑的兼容，相比之下，建筑性质的兼容更加详细，更能达到控制的目的。

二、环境容量控制

1. 容积率

（1）容积率的概念

容积率又称楼板面积率或建筑面积密度，是衡量土地使用强度的一项指标，英文缩写为 FAR，是地块内所有建筑物的总建筑面积之和 Ar 和地块面积 AI 的比值，即

$$FAR=Ar/AI$$

容积率可根据需要制订上限和下限。容积率的下限，一方面可以保障开发商的利益，综合考虑征地价格和建筑租金的关系来制订；另一方面是要提高土地的利用率，实现土地社会经济价值防止浪费。

在一定的建筑密度条件下，容积率与地块的平均层数成正比；同理，在一定的层数条件下，容积率与地块建筑密度成正比。当容积率作为控制土地利用的机制来运转时，就存在楼层与空地的替换关系，即在容积率不变时高层建筑比低层建筑节约用地，从而提供更多的开放空间。在一些地方规定中，容积率计算中的总建筑面积不是全部建筑面积的总和，而是总建筑面积减去停车库、设备层以及完全向公众开放的部分之后的建筑面积。这种规定的用意是鼓励开发商注重停车场的建设，注重在建筑设计中增加开放空间。

（2）容积率的确定

从总体上来说容积率的确定与城市的许多因素有关，例如，规划区总人口、每个人的空间需求、土地的供应能力、基础设施承受能力、交通设施的运输能力和城市景观要求等。在控制性详细规划中，合理容积率主要考虑以下因素：

①地块的使用性质。不同性质的用地有不同的使用要求和特点，因而开发强度也不同，如商业、旅店和办公楼等的容积率一般高于住宅、学校、医院和剧院等。

②地块的区位。由于各建设用地所处区位不同，其交通条件、基础设施条件、环境条件出现差距，从而产生土地级差。这就决定了地块的土地使用强度，应根据其区位和级差地租区别确定。

③地块的基础设施条件。一般来说，较高的容积率需要较好的基础设施条件和自然条件作为支撑。一方面，开发强度越高，对土地的地质条件要求越高；另一方面，开发强度的提高意味着城市活动强度的增加，这必然对能源、给排水、环卫、交通等支撑设施提出更高的要求。

④人口容量。人口容量和容积率是紧密相关的，一般来说，较高的容积率能容纳更多的人口，则需要较好的基础设施条件和自然条件，如上海的国际金融中心地区、英国的道克兰地区等。

⑤地块的空间环境条件。即与周边空间环境的制约关系，如建筑物高度、建筑间距、建筑形态、绿化控制和联系通道等。

⑥地块的土地出让价格条件。即政府希望的价格，一般情况下，容积率与出让价格呈正比，关键在于获得使社会经济——生态环境协调持续发展的最佳容积率。

⑦城市设计要求。将规划对城市整体面貌、重点地段、文物古迹和视线走廊等的宏观城市设计构想，通过其具体的控制原则、控制指标与控制要求等来体现，并落实到控制性详细规划多种控制性要求和土地使用强度指标上。

⑧建造方式和形体规划设计。不同建造方式和形态规划设计能得出多种开发强度的方案，如低层低密度、低层高密度、多层行列式、多层围合式、自由式、高层低密度和高层高密度，这些均对容积率的确定产生重大影响。

2. 建筑密度

建筑密度是指规划地块内各类建筑基底面积占该块用地面积的比例。

建筑密度=（规划地块内各类建筑基底面积之和/用地面积）×100%

与容积率概念相区别的是它注重的是建筑基底面积。反过来理解就是表示了一个地块除了建筑以外的用地所占的比例多少，规划控制其上限。建筑密度着重于平面二维的环境需求，保证一定的旷地及绿地率。

城市建筑应保持适当的密度，这一点是十分重要的，它能确保城市的每一个部分都能在一定条件下得到最多的日照和防火安全以及最佳的土地利用强度。建筑过密造成街廓消失、空间紧缺，有的甚至损害历史保护建筑。

3. 居住人口密度

居住人口密度指单位建设用地上容纳的居住人口数，单位为人/公顷。具体表现在一块用地上，就是用该块用地的总人口除以用地面积得出的数值：

居住人口密度=（地块内的总人口数/地块的面积）×100%

确定人口密度，应根据总体规划或城市分区规划，合理确定人口容量，再进一步确定具体地块的人口密度。

4. 绿地率

绿地率指规划地块内各类绿化用地占该块用地面积的比例。

绿地率=（地块内绿化用地总面积/地块面积）×100%。

规划控制其下限。这里的绿地包括公共绿地、组团绿地、公共服务设施所属绿地和道路绿地（道路红线内的绿地），不包括屋顶、晒台的人工绿地，公共绿地内占地面积不大于1%的雕塑、亭榭、水池等绿化小品建筑可视为绿地。

三、建筑建造控制

建筑建造控制是对建设用地上的建筑物布置和建筑物之间的群体关系作出必要的技术规定，其主要内容有建筑高度、建筑后退、建筑间距、沿路建筑高度、相邻地段的建筑规定等。

1. 建筑高度

（1）影响建筑限高的因素

经济因素和社会环境因素是建筑高度的最主要影响因素。

①经济因素。建筑的建造成本由土地价格和建筑物本身的造价两部分组成，而在一定的层数内，建筑物建造的单位成本几乎不变，于是建筑层数越高，面积越大，摊到单位建筑面积上的土地成本就越少，这也是在市场利益驱动下开发商不惜一切代价、运用各种手段盖高楼的原因。

②社会环境因素。建筑物的高度，需要从城市整体风貌的和谐统一入手，考虑不同地段的不同要求，考虑与周边建筑、特别是历史文化建筑的协调关系，只有这样，城市天际线才不会完全迷失在经济利益驱动下的市场浪潮里。

一般来说建筑物的高度 H 与旷地宽度 W（道路、广场、绿地、水面等）的比例关系给人的视觉心理感受如下：

$$H<0.3W \text{ 宽阔、空旷}$$
$$0.3W<H<0.6W \text{ 亲切，宜人}$$
$$H>0.6W \text{ 高耸，压迫}$$

③基础设施条件的限制。例如机场周边建筑，由于飞机起飞降落安全的需要，有专门净空限制要求，其高度限制范围半径可达 20km 以上。

（2）建筑限高的确定

在考虑建筑高度的控制时，除应满足建筑日照、消防等方面的要求外，还应符合如下规定，以《上海市城市规划管理技术规定》第四十七条至第五十条为例：

①在有净空高度限制的飞机场、气象台、电台和其他无线电通讯台（含微波通讯）设施周围的新建、改建建筑物，其控制高度应符合有关净空高度限制的规定。

②在文物保护单位和建筑保护单位周围的建设控制地带内新建、改建建筑物，其控制高度应符合建筑和文物保护的有关规定，并按经批准的详细规划执行。尚无批准的详细规划的，应先编制城市设计或建筑设计方案进行视线分析，提出控制高度和保护措施，经建筑和文物保护专家小组评议后核定。首先选择适当视点确定视线走廊，视点的距离要大于或等于 3H，因现状条件限制难以按 3H 视点距离控制高度的，视点距离可适当缩小，但不得小于 2H。

2. 建筑后退

建筑后退指在城市建设中，建筑物相对于规划地块边界的后退距离，通常以后退距离的下限进行控制。必要的建筑后退距离可以避免城市建设过程中产生混乱，保证必要的安全距离，保证必要的城市公共空间和良好的城市景观。

各个城市对不同情况下建筑后退均有详细的规定。一般包括建筑后退用地红线、建筑后退道路红线、建筑后退河道蓝线、建筑后退绿线、黑线、紫线等。其退让距离的确定除必须考虑消防、防汛、交通安全等方面外，还应考虑城市景观、城市公共活动空间要求等。建筑后退的具体要求，可参考各城市的城市规划管理技术规定。

3. 建筑间距

建筑间距是两栋建筑物或构筑物之间的水平距离。建筑间距的控制是使建筑物之间保持必要的距离，满足消防、卫生、环保、工程管线和建筑保护等方面的基本要求。除此之外，从人们居住的生理和心理健康需求考虑，建筑物之间必须保持一定的间距以满足日照、通风的要求。根据各地区的气候条件和居住卫生要求确定的，居住建筑正面向阳房间在规定的日照标准日获得的日照量，是编制居住区规划确定居住建筑间距的主要依据。一般居住建筑之间的间隔距离是采用日照间距来控制。

在实际应用中，常将 D 换算成 H 的比值，即日照间距系数，以便于根据不同建筑高度算出间距。对于非居住建筑之间、居住建筑与非居住建筑之间的间距各地方一般均有相关规定。

四、城市设计引导

1. 建筑体量、建筑形式与建筑色彩控制

（1）建筑体量

建筑体量指建筑物在空间上的体积，包括建筑的长度、宽度、高度。建筑体量一般从建筑竖向尺度、建筑横向尺度和建筑形态三方面提出控制引导要求，一般规定上限。一方面，建筑体量的大小对于城市空间有很大的影响，同样大小的空间，被大体量的建筑围合，和被小体量的建筑围合，给人的空间感受完全不同；另一方面，建筑所处的空间环境不同，其体量大小给人的感受也不同。

以北京天安门广场上的建筑为例，天安门城楼、人民大会堂、毛主席纪念堂等建筑的体量都很巨大，但在开阔的天安门广场上没有大而不当的感觉，建筑体量与所处空间的大小有了很好的呼应。与天安门广场相连的东西长安街上的建筑体量也很巨大，这一方面是因为大体量建筑可以很好地体现北京作为国家政治中心的庄严形象；另一方面也是由于建筑要与整个北京恢宏大气的城市格局相协调。

（2）建筑形式

时代进步使建筑具有了更多的外在形式，而不同的城市因其不同的城市文化特色，也会产生不同的地方建筑风格。应根据具体的城市特色、具体的地段环境风貌要求，从整体上考虑城市风貌的协调性，对建筑形式与风格进行引导与控制。

如多年前的北京，曾一度"大屋顶"盛行，不顾经济、美观、适用和特定的时代背景与环境，用千篇一律的大屋顶来阐释古都风貌，为城市风貌带来了诸多不协调的音符。而现在，这座古老的城市又从千篇一律走向了标新立异，CCTV 大楼、国家大剧院、鸟巢、

水立方等一批现代主义建筑拔地而起，在表达着北京走向世界的愿望。

建筑形式控制的内容很多，依据规划控制的目标确定。常用的主体结构形式控制，如横三段、竖三段；屋顶形式控制，如坡顶、平顶等。例如在对屋顶形式的控制中，斯特拉斯堡的无顶式大斜坡加多层老虎窗，而上海浦东陆家嘴则要求每一栋建筑的屋顶都不一样。

（3）建筑色彩

色彩对于人能引起生理反应和心理反应，同时色彩也是人们对城市环境直观感受的主要要素之一，如青岛给人的印象是"青山、绿树、红瓦、蓝天、碧海"。统一协调、富于地方特色的建筑色彩令街道或地区具有动人的魅力。各种类型的建筑，都有相对适合它的建筑形式及色彩。而一个城市的色彩，要受其历史、气候、植被、文化等诸多因素的影响。如北方城市，因气候寒冷，植被颜色较单一，民风奔放，建筑色彩往往较南方艳丽。

建筑色彩一般从色调、明度和彩度上提出控制引导要求，建筑色彩的控制应分类进行，包括：

①建筑主体的色谱（如墙面、墙基、屋顶等主要颜色）；

②点缀色谱：与建筑主调相配合的建筑体的其他因素（如门、窗框、栏杆等）；

③组合色谱：指建筑主体色谱和点缀色谱相配合的谱系。北京市要求对城市建筑物外立面进行定期清洗粉饰，建筑物外立面粉饰主要选择以灰色调为主的复合色，以创造稳重、大气、素雅、和谐的城市环境。

2. 建筑空间组合控制

建筑群体环境的控制引导，即对由建筑实体围合成的城市空间环境及周边其他环境要求提出控制引导原则，一般通过规定建筑组群空间组合形式、开敞的长宽比、街道空间的高宽比和建筑轮廓线示意等达到控制城市空间环境的特征目的。

城市建筑群体整体空间形态可以分为封闭空间形态、半开放空间形态和全开放空间形态。不同的建筑空间组合，给人不同的空间感受。根据不同的情况和要求，建筑空间组合采用不同的形式，形成公共或私密的空间形态。

以上海宝山区罗店中心镇控制性详细规划为例，罗店中心镇是上海"十五"计划重点建设的十个特色卫星城镇之一，总体定位为北欧风格，以居住用地为主，按密度将其分为几种类型不同居住形态，并分别给出建筑空间组合方式示意。

3. 建筑小品

控制性详细规划中对绿化小品、商业广告、指示标牌等街道家具和建筑小品的引导控制一般是规定其内容、位置、形式和净空限界。

例如，大同市中心区城市设计对户外设施进行了分类引导与规定，对户外广告标识的位置、色彩、净空高度、大小等进行了较为详细的规定。

五、配套设施控制

1. 公共设施配套控制

公共设施配套一般包括文化、教育、体育、公共卫生、商业、服务业等生产生活服务设施。公共设施配套分为两大类：一是城市总体层面上的公共服务设施，二是不同性质用地上的公共服务设施。

（1）城市总体层面上的公共服务设施配套要求

城市总体层面上的公共服务设施配套要求主要依据城市总体规划或分区规划所确定的公共服务设施配置要求。将上层次规划用文字规定的公共服务设施内容落实到空间用地和具体位置上。

（2）居住区的公共服务设施配套要求

居住区公共服务设施在整个公共服务设施体系中占据非常重要的分量和地位。对其配置必须与居住人口规模相适应。其配建指标分为控制性和指导性指标，一般为确保公共服务设施用地的落实，各类公共服务设施用地的指标为控制性指标，公共服务设施用地（不计公共绿地）占居住区总用地的百分比不小于15%。

①居住区公共服务设施内容。主要包括文化设施（文化科技站、图书馆、青少年活动设施等）、体育设施、教育设施（高中、初中、小学及幼儿园）、社区卫生服务中心（门诊所、卫生站、医院）、商业设施（食品店、百货店、餐饮、中西药店、市场、便民店）、行政管理设施（街道办事处、市政管理机构、派出所）。

②居住区公共服务设施布局方式。居住区公共服务设施可采用集中与分散相结合的方式。集中配置的公共服务设施，可设置在居住区中心。居住区中心应安排在位置适中、交通便利、人流相对集中的地方，宜结合交通枢纽或沿居住区主要道路布置。

2. 市政设施配套控制

（1）给水工程

在给水分区规划或给水总体规划基础上，编制城市详细规划阶段的给水规划。首先参照《城市给水工程规划规范》（GB50282-98）计算用水量。根据城市总体规划布局、规划期给水规模并结合近期建设确定加压泵站等给水设施和给水管网，其走向应沿现有或规划道路布置，并宜避开城市交通干道。管网布置必须保证供水安全，宜布置成环状。即按主要流向布置几条平行干管，其间用连通管连接。干管尽可能地布置在两侧用水量较大的道路上，以减少配水管水量。平行的干管间距为500—800m，连通管间距为800—1000m。干管尽可能布置在高地，若城市地形高差较大时，可考虑分压供水或局部加压。

以最高日最高时各管段的计算流量为依据，计算输配水灌渠、管径，校核配水管网水量及水压，并根据实际要求选择管材。同时，参照《城镇消防站布局与技术装备配备标准》

（GNJ1-82）布置消防栓。

（2）排水工程

首先分别计算污水量和雨水量，城市污水量根据《城市排水工程规划规范》（GB 50318-2000）中的相关参数确定分类污水排放系数，根据城市综合用水量（平均日）乘以城市污水排放系数进行计算；雨水量采用当地的城市暴雨强度公式或采用地理环境及气候相似的临近城市暴雨强度公式进行计算。

根据上层次规划和专项规划确定城市排水体制，并布置排水设施和排水管网。排水设施包括污水处理厂、污水泵站、雨水泵站等，污水处理厂需要根据上层次规划落实规模和布局，排水管沟断面尺寸应按规划最大流量设定。管沟平面位置和高程应根据地形、图纸、地下水位、道路情况原有的和规划的地下设施以及施工条件等因素综合考虑确定，必要时设置泵站。

（3）供电工程

在电力分区规划或电力总体规划的基础上，编制控制性详细规划阶段的电力规划。根据《规划单位建设用地负荷指标》（GB 50293-1999）确定规划区中各类用地或人口的规划用电指标，可采用电量预测和负荷密度两种方法进行负荷预测，两种方法可以相互校核。在控制性详细规划中，电力负荷预测较为常见的方法为建设用地负荷指标法，这一方法首先确定规划区中各类用地的规划电力负荷密度指标，然后根据各类用地地块面积乘积后相加。

根据电力总体规划或分区规划所确定的供电电源的容量、数量、位置及用地以及规划区内的电力负荷预测，确定规划区供电电源的容量、位置及用地，同时布置规划区内中压配电网或中、高压配电网，确定其变电所、开关站的容量、数量、结构形式、位置及用地。

在电力线路网规划中，需要确定规划区中的中、高压电力线路的路径、铺设方式及高压线走廊（或地下电缆通道）宽度。

（4）通信工程

城市固定电话容量的预测基于以下指标进行：居民用户电信容量以居民户数及每户拥有的电话数为预测指标；公建用地电信容量以公建用地面积或公建建筑面积为预测指标；工业用地电信容量以一定面积的工业用地面积或工业建筑面积为预测指标。规划区的固定电话容量为以上几方面的预测结果之和。

通信设施布局包括电信局所、邮政局和电台的选址布置。电信局所选址原则为：靠近计算的线路网中心，避开靠近110kV及以上变电站和线路的地点，避免强电对弱电的干扰，便于近局电缆两路进线和电缆管道的敷设。电信局所分枢纽局、汇接局、端局，局所规划趋向大容量、多模块。

邮政局选址要交通便利，考虑规划范围邮政支局所的分布位置、规模等，并落实涉及总体规划中上述设置的位置与规模。电台选址应有安全、卫生、安静的环境，应考虑临近的高压电站、电气化铁道、广播电视、雷达、无线电发射台等干扰源的影响。无线电台选址中心距军事设施、机场、大型桥梁等的距离不得小于5km。天线场地边缘距主干铁路不得小于1km。

通信线路敷设方式有管道、直埋、架空、水底敷设等方式。管道宜敷设在人行道下，若在人行道下无法敷设，可敷设在非机动车道下，不宜敷设在机动车道下。

（5）燃气工程

详细规划阶段燃气负荷的计算多采用不均匀系数法，一般以小时计算流量为依据确定燃气管网及设备的通过能力。

根据燃气的年用气量指标可以估算城市年燃气用量。城镇居民生活用气量标准和供给建筑用气量标准可根据《城镇燃气设计规范》（GB 50028-2006）确定。

燃气气源选择通常在详细规划的上一层次规划编制或者燃气专项规划中确定。

城市燃气管道的压力分级直接决定了燃气设施及管网布置。城市燃气输配管网可以根据整个系统中管网的不同压力级制数量分为一级管网系统、二级管网系统、三级管网系统和混合管网系统。

城市燃气输配设施和燃气输配管网的干管布局规划主要依据上层规划确定。管网支管沿路布置，同时燃气管网要避免与高压电缆平行敷设。

（6）供热工程

城市的热负荷主要为采暖热负荷，特别是冬季的采暖热负荷。采暖热负荷一般采用面积热指标法估算。

供热设施包括各类锅炉房热力站、中继泵站。供热规划中布置各类供热设施的用地可参考《城市基础设施工程规划手册》。

供热按照相关规范进行热水管网、管径的估算。管网布置要尽量避开主要交通干道和繁华的街道，以免给施工和运行管理带来困难。供热管道通常敷设在道路的一边或是敷设在人行道下面。供热管道穿越河流或大型渠道时，可随桥架设置或单独设置管桥，也可采用虹吸管由河底通过。

（7）管线综合规划

工程管线综合规划的任务是分析各类现状及规划工程管线，解决各种工程管线平面、竖向布置时管线之间以及与道路、铁路、构筑物存在的矛盾，做出综合规划设计，用以指导各类工程管线的工程设计。主要内容包括：

①确定工程管线在地下敷设时的排列顺序和工程管线间的最小水平净距、最小垂直净距。

②确定城市工程管线在地下敷设时的最小覆土深度。

③确定城市工程管线在架空敷设时管线及杆线的平面位置及周围建（构）筑物、道路、相邻工程管线间的最小水平净距和最小垂直净距。

在编制工程管线综合规划设计时，应减少管线在道路交叉口处交叉。当工程管线竖向位置发生矛盾时，按工程设施规定进行相应规划避让处理。

（8）环卫工程

规划范围内固体废弃物一般从两方面估算，包括城市生活垃圾和工业固体废弃物。

规划范围内固体废弃物产量的估算有两种方法：一是人均指标法。比较世界发达国家城市生活垃圾的产量情况，我国城市生活垃圾的规划人均指标为0.6—1.2kg，由人均指标乘以规划的人口数则可得到城市生活垃圾的总量。二是增长率法。由递增系数，利用基准年数据算得规划年的城市生活垃圾总量。

工业固体废物产量的估算有三种方法：一是单位产品法。即根据各行业的数据统计，得出每单位原料或产品的产废量。例如在冶金工业中，单位产品每吨铁产生高炉渣400—1000kg；每吨钢产生钢渣150—250kg等。二是万元产值法。根据规划的工业产值乘以每万元的工业固体废物产生系数，则得出产量。参照我国部分城市的规划指标，可选用0.04—0.1t/万元。最好根据历年数据进行推算。三是增长率法。由上述公式计算。根据历史数据和城市产业发展规划，确定增长率后计算。

环卫设施布置包括废物箱、垃圾收集点、垃圾转运站、公厕、环卫管理机构等，确定其位置、服务半径、用地、防护隔离措施。

（9）防灾规划

防灾规划主要包括消防规划、防洪规划、人防规划及抗震规划。

①消防规划

确定规划范围内各种消防设施的布局及消防通道间距。消防设施包括消防站和消防栓。根据《建筑设计规范》《高层民用建筑设计防护规范》《消防站建筑设计规范》《城镇消防站布局与技术装备标准》等要求，消防站设置应位于责任区的中心；位于交通便利的地点，如城市干道一侧或十字路口附近；应与医院、小学、幼托以及人流集中的建筑保持50m以上的距离，防止相互干扰；应确保自身的安全，与危险品或易燃易爆品的生产储运设施或单位保持200m以上的间距，且位于这些设施的上风向或侧风向。

消防栓应沿道路设置，靠近路口。当路宽≥60m时，宜双侧设置消防栓，消防栓距建筑墙体应大于5m；其设置间距应≤120m。

②防洪规划

确定规划范围内防洪、排涝工程的布局。防洪、防涝工程设施主要有防洪堤墙、排洪沟与截洪沟、防洪闸、排涝设施。

③人防规划

确定规划范围内的人防设施的规模、数量、位置、配套内容、抗力等级，明确平战结合的用途。一般来说，战时留城人口数约占城市总人口数的30%—40%。按人均1—1.5m²的人防工程面积标准，则可推测出城市所需的人防工程面积。按相关标准，在成片居住区内按总建筑面积的2%设置人防工程或按地面建筑总投资的6%左右进行安排。人防工程设施的布局应避开易遭到袭击的重要军事目标，如军事基地、机场、码头等；避开易燃易爆品生产储运单位和设施，控制距离应大于50m；避开有害液体和有毒气体贮罐，距离应大于100m；距离人员掩蔽所距人员工作生活地点不宜大于200m。

④抗震规划

确定规划范围内的震时疏散通道及避震疏散场地。

城市内的疏散通道的宽度不应小于15m，一般为城市主干道，通向市内疏散场地和郊外旷地或通向长途交通设施。对于100万人口以上的大城市，至少应有两条以上不经过市区的过境公路，其间距应大于20km。为保证震时房屋倒塌不致影响其他房屋和人员疏散，规定震区城市居民区与公建区的建筑间距应满足规范要求。

避震疏散场地的布局应远离火灾、爆炸和热辐射源；设置在地势较高，不易积水的位置；内有供水设施或易于设置临时供水设施；无崩塌、地裂与滑坡危险；易于铺设临时供电和通信设施。

六、行为活动控制

行为活动控制是从外部环境要求出发，对建设项目就交通活动和环境保护两方面提出控制规定。其控制内容为：交通出入口方位、数量，禁止机动车出入口路段，交通运行组织规定地块内允许通过的车辆类型以及地块内停车泊位数量和交通组织等。环境保护的控制通过制订污染物排放标准，防止在生产建设或其他活动中产生的废气、废水、废渣、粉尘、有毒有害气体、放射性物质以及噪声、振动、电磁波辐射等对环境的污染和危害，以达到环境保护的目的。

1. 交通活动控制

控制性详细规划阶段的道路及其设施控制，主要指对路网结构的深化，完善和落实总体规划、分区规划对道路交通设施和停车场（库）的控制。

（1）交通方式

根据地形条件、用地布局确定经济、便捷的道路系统和断面形式；符合人和车交通分行、机动车与非机动车交通分道要求。合理组织人流、货流、车流，建立高效、持续的交通系统。

（2）出入口方位、数量

主要指地块内允许设置出入口的方位、位置和数量。

地块出入口方位要考虑周围道路等级及该地块的用地性质。一般规定对城市快速路不宜设置出入口，城市主干道出入口数量要求尽量少，相邻地块可合用一个出入口。城市次干道及支路出入口根据需求设定，数量一般不限制。

例：湖北省控制性详细规划编制技术规定中规定机动车出入口开设需符合以下规定：

①距大中城市主干路交叉口距离，自道路红线交点起不应小于70m。

②距道路交叉口过街人行道（包括引桥、引道和地铁出入口）边缘不应小于5m。

③距公共交通站台边缘不应小于10m。

④距公园、学校、儿童及残疾人建筑的出入口不应小于20m。

⑤与立交道口关系处理及在其他特殊情况下出入口的开设应按当地规划主管部门的规定办理。

（3）停车泊位

规划地块内规定的停车车位数量，包括机动车车位数和非机动车车位数。对社会停车场（库）进行定位、定量（泊位数）、定界控制；对配建停车场（库），包括大型公建项目和住宅的配套停车场（库）进行定量（泊位数）、定点（或定范围）控制。各地块内按建筑面积或使用人数必须配套建设机动车停车泊位数。

（4）其他交通设施

其他交通设施主要包括大型社会停车场、公交站点停保场、轻轨站场、加油站。公共停车场用地面积按规划城市人口每人 0.8—1.0m² 计算，其中：机动车停车场每车位用地占 80%—90%，自行车停车场用地占 10%—20%。公共停车场采用当量小汽车停车位数计算。一般地面停车场每车位按 25—30m² 计，地下停车场每车位按 30—35m² 计。公共停车场服务半径，市中心地区不应大于 200m²，一般地区不应大于 300m²；自行车公共停车场服务半径以 50—100m 为宜。城市公共加油站服务半径 0.9—1.2 km，且以小型为主。

2. 环境保护规定

根据城市总体规划阶段环境保护的要求及当地环境保护部门制订的环境保护要求，提出该地区环境保护规定，主要包括：噪音、振动等允许标准值、水污染物允许排放量、水污染物允许排放浓度、废气污染物允许排放浓度、固体废弃物控制等。

第七章 遗址保护与城市建设规划

第一节 遗址保护与城市化发展如何和谐共生

我国历史文化悠久，遗址文化资源丰富。大遗址作为我国文化遗产中规模特大、文物价值突出的遗址文化资源，反映了现代中国保存的历史文化遗产的基底性特色，承载着中华民族深厚的历史文化底蕴，是我国文化遗产资源的精髓，是最具有中国特色的文化资源，日益成为城市的战略性资源，文化软实力日益成为城市竞争力的重要核心。

遗址文化产业以及其衍生产业，正在成为后现代时期城市发展的重要增长点。在加快推进新型城市化发展的新阶段，重视和加强对大遗址的保护，挖掘和弘扬大遗址的历史文化价值，已经成为新时期我国实现文化大发展大繁荣的重要内容，也是推动中华文化复兴、提升中国文化国际竞争力的重要之举，更是推动文化产业成为国民经济支柱产业的重要依托。在新型城市化发展背景下，如何实现遗址保护与城市的和谐发展，如何依托我国丰富的遗址文化资源，提升城市的文化形象，带动旅游等相关产业的发展，改善城市的人居环境，让遗址区的百姓从靠山吃山靠水吃水过渡到躺在遗产上享福，达到多赢的局面，实现大遗址保护从突击式、抢救性、应急式向形成长效机制转变，已经成为我国目前城市发展转型中面临的一个热点和难点问题。

一、正确认识遗址保护与城市化发展的关系

西安是我国大遗址片区之一，主城区内的遗址较多，且在旧城区内遍布着众多历史文化遗迹。同时，随着西安城市化的加快发展，越来越多的大遗址快速进入城市主城区内。如何构建遗址保护与城市发展的和谐关系，西安市进行了10余年的实践探索。其经验可以概括为以下四个方面：

（一）遗址本体抢修与旧城综合改造相呼应

强化政府对遗址本体保护、抢修和旧城改造的科学部署、统一安排，尤其在决策前要

注意积极、广泛地征求专家学者、辖区居民、社会公众的意见。与此同时，应借鉴国内外先进经验，采取各项措施鼓励引入和积极引导民间社会资本在对遗址本体保护和抢修的前提之下，对旧城地块科学合理、稳妥有序地改造开发；充分挖掘遗址的文化传承和科普教育等价值，将其贯穿和拓展到文化旅游、休闲娱乐等相关产业。旧城区改造为生活居住区时，应注意遗址抢修、保护与居民日常生活环境的相融，在改善居民生活环境和方便居民日常活动的同时，利用遗址文化的普及教育功能，提高居民文化素养。需要格外注意的是，在招商引资对旧城区改造的同时，要注意防止和减少对遗址文化的"过度包装"和"泛商业化"开发，尤其要防止对遗址文化的"滥用"和"错用"，遗址的科普教育质量关系到优秀历史文化的继承准确性。

近现代西安一直处于发展工业扩大城市面积与人口和历史古迹保护的矛盾中缓慢发展。为了保护中华民族的历史文化记忆，西安在城市发展方面付出了许多代价，这也是一代代西安人的责任所在。

遗址的保护与新区规划，需要在保护历史物质遗存和传统文化内涵的过程中，将传统的因素如文物古迹、历史街区、历史风貌、城市的传统格局以及历史文化传统等，赋之以合理的角色和功能后，契入城市设计之中，纳入城市总体规划，形成各种保护条例，构成遗址保护的法律法规。

（二）遗址本体保护与城市规划布局相契合

城市空间特色质量的优劣是评判城市的宜居性与吸引力的重要标准，通过历史文化环境的营造能够提升城市空间的内在品质，从而加强城市空间特色的保护。这就需要在保护历史物质遗存和传统文化内涵的过程中，将传统的因素如文物古迹、历史街区、历史风貌、城市的传统格局以及历史文化传统等，赋之以合理的角色和功能后，契入城市设计之中，纳入城市总体规划，形成各种保护条例，构成遗址保护的法律法规。在逐步改善城市生活环境的同时，保护包括古城及古城遗址、古建筑等整体空间环境，并选择若干历史街区加以重点保护，以这些局部地段来反映城市的风貌特色。

（三）遗址环境整治与城市环境改善相融合

在城市规划、设计、建设和管理的各领域及全过程中，首先进行环境风险的预测和评估，将环境影响评价的理念不仅体现在城市环境污染的产生阶段，而且纳入城市的总体规划甚至城市经济社会发展战略的制定，尽可能将环境污染发生的风险问题及时识别、预防和控制在初期，降低消减环境污染的经济成本和社会成本。环境影响评价不仅关注建设项目，而且将评估重点前置至发展战略的制定阶段和项目的规划阶段。城市建设是为了创造良好的人居环境，既包括物质环境，也包括文化环境，避免城市环境的恶化，就是从大环境对遗址本体的保护。对遗址区周边环境整治也对城市整体环境的提升起到积极作用。针对不同区域、不同特点的大遗址，实施遗址绿化公园、遗址农业园区、历史风景旅游区、遗址历史公园等载体示范工程的建设，在突出每个遗址特色的同时，应注意与周边环境相融合，营造良好的城市环境。例如：

1. 遗址绿化公园

以保护遗址本体为主，对遗址重点实施绿化保护，同时对遗址周边进行环境整治，大面积绿化对于保持水土、净化空气、调节气候、减少噪音、增加鸟类栖息地等起到积极作用。环境整治不仅使遗址得到了较好的保护，并且改善了城市的生态环境，为居民提供了开放式的观赏、休闲和娱乐空间，是城市发展与遗址保护的有机结合，对于社会和谐、景观审美具有积极的意义。

由于大明宫已经完全成为废墟，考古挖掘出来的只有两座土堆，如何在原址上进行建筑复原设计是个难题。设计师冯峰给出的方案放弃了传统的建筑手法，概念是以自然重现历史建筑，将树木修剪成大明宫轮廓，通过树木四季变化保护人们对于大明宫的想象。

大明宫消亡了一千多年，没有人知道它准确的形象，可以说，任何一种百分之百的复原都必定是错误的。它只存在于人们的想象和模糊的历史记忆之中。这个方案正是把人们的这种想象很好地保护了起来。

大雁塔北广场是陕西省的"文化景点"和"形象景点"。位于举世闻名的佛教圣地大雁塔脚下，它是亚洲最大的唐主题文化广场，已经成为西安百姓宜赏宜聚、观光休闲的一处文化旅游胜景。

2. 大遗址农业园区

针对规模庞大、居民数量众多的大遗址，政府难以拨出大量资金实施保护。通过引导区域内居民依附原有农业，开展一些基础好、效益高、风险低的经济作物休闲观光活动和农业观光活动，建设观光农园、市民休闲体验农业园、现代高科技农业园区等，以此带动居民致富。

3. 大遗址风景旅游区

本着充分保护大遗址和自然生态环境的理念，将部分遗址区作为旅游景区逐步开发，形成集历史文化、人文景观和自然景观为一体的特色旅游景区。同时，不断完善基础设施建设，创造良好的内、外部条件，形成高品质的集自然、人文和历史景观于一体的旅游环境。

4. 大遗址历史文化公园

把部分遗址区作为历史文化公园开发，将遗址本身及周围的自然环境妥善保存并有效展示，对社会开放，把遗址保护与展示相结合，让人们在身临其境中有所感悟和体验。

（四）遗址文化挖掘与城市产业发展相衔接

遗址遗迹作为文化的载体，对一座城市文化氛围的营造具有指示性作用。通过营造历史遗产环境，包括其中蕴含的自然环境、人文环境、经济环境，带动相关文化产业的发展，提升城市的文化品位，提高市民的文化修养，改善人们的居住环境。在遗址的保护和开发利用过程中,以保护为主导的遗址生态环境修复和以利用为主导的文化产业链开发都将为城市的产业发展注入新的活力。遗址遗迹所具有的综合价值,能够提供新的消费服务,满足人们更高层次的文化与精神需求。在人们以各种方式消费这种文化资源的过程中,也带动了遗址文化产业的发展,并渗透其他关联产业,从而促进城市经济生态的繁荣和持续发展。

二、以文化理念引领,促和谐共生关系构建

世界城市发展显示,从工业支撑到现代服务业主导,生态、智慧城市目标的提出,城市在不同发展阶段的支点是不同的。随着城市发展阶段的高级化,文化最终将成为城市发展的根本支撑。目前,在新型城市化背景下,坚持文化自信,发展文化产业,必须进一步强化城市的文化引领,创新城市发展理念,重视和加强历史文化资源的保护。

(一)树立文化引领的发展理念

文化是城市高级化发展的重要支点,在城市演变过程中具有重要的引导功能。通过文化大发展大繁荣,推动文化产业成为国民经济支柱产业,是我国的重要战略选择。树立低碳城市发展理念,倡导绿色生活方式,充分发挥城市历史文化与生态文化在城市产业发展、城市特色、生态建设、环境营造中的引领作用,实现城市文化复兴与生态环境建设相结合,社会效益、经济效益与生态效益协调发展,实现历史空间与现代城市空间的和谐共生,是新时期我国大城市空间发展的重要任务。通过文化旅游的融合发展,带动城市产业结构升级;通过生态文化建设,打造城市宜居空间;通过历史文化激活,提升城市魅力,丰富市民生活,提升市民文化素养,营造城市文明、开放、和谐的人文环境;通过引入低碳生态绿色的建筑设计理念,发掘节能减排低碳型的景观元素,丰富和美化城市建筑外观,使城市沿着低碳化、生态化、绿色化方向发展,已成为城市产业升级与绿色发展、文化建设与特色打造的重要路径选择。

西安小雁塔是佛教传入中原地区并融入汉族文化的标志性建筑。2007年,小雁塔保护机构更改为西安博物院。建成后的西安博物院正式对外开放,由文物展馆、历史名胜区、园林游览区三部分组成,小雁塔成为该院的一部分。

(二)重视城市的历史文脉传承

城市是一个生命有机体,文化是一座城市的"根"与"魂"。城市特色是城市的历史积淀,也是城市未来的发展追求。从历史文脉中寻找根,城市才会生长得更富有朝气、更久远。传承城市文脉,保护城市的历史文化街区,提高城市发展的活力,构建具有民族性、地域性、多元性的城市文化特色,是城市保持持久活力的源泉,是塑造城市特色的重要依托。

（三）强化城市大园林整体意识

文化是城市的魂，自然山水是城市的骨架，是城市形成的物质基础。保护自然山水格局，构建城市生态系统，树立"城市大园林"理念，将城市化发展与城市生态建设有机结合，将城市文化遗址保护与自然遗址保护同等对待，构筑城市的精气神，必须从整体上统筹考虑城市"绿脉"与"蓝网"生态基质的构成，形成多层次的城市绿化格局，奠定城市绿色发展的生态基础。

（四）加强公众参与的发展理念

城市发展必须彰显城市的主人身份，体现公民意志，重视公民的社会参与，关注公众利益诉求，不应以单纯的技术性蓝图和笼统的规划指标掩盖城市文化特色形成背后的多方文化诉求。要增加城市特色决策中的透明度，鼓励公众积极参与。通过搭建公众参与平台，让普通老百姓参与到城市规划与建设当中。建设公众喜爱的城市形象，妥善处理城市建设与城市化过程中的矛盾和问题，构建和谐发展的群众基础。

西安既是一个历史文化古城又是一个国际化的大城市，它可以说是历史城市发展的一个代表。

鸡鸣寺位于南京市玄武区鸡笼山东麓山阜上，又称古鸡鸣寺，始建于西晋，是南京最古老的梵刹之一。黄墙黑瓦，身后是南京城市天际线，古典与现代在这里完美交织。

雅典卫城是希腊的国宝，建在首都雅典的山上，在雅典任何位置都能仰望到的希腊最杰出建筑群。可以说雅典是围绕着卫城而规划的城市。

（五）选择符合实际的遗址保护模式

目前，我国正处在加速城市化进程中，越来越多的遗址进入都市圈内。在文化繁荣与城市特色化建设的背景下，部分城市以特色化建设之名，假借文化遗址保护进行遗址区域大拆大建，大搞"文化景观"类主题公园的现象十分普遍，尤其对"遗址公园"特别是"国家考古遗址公园"极度狂热。大遗址保护毕竟是需要投入大量人力物力财力的"文明工程"，这种"好大喜功"，往往大大超越了城市经济社会发展的阶段，给城市带来了沉重的负担。如何选择适宜的遗址保护与开发模式，既关系着遗址保护的效果，也关系着城市的发展与遗址区域居民的生产生活。尤其是很多遗址，由于历史悠远，虽然名气很大，历史价值、文物价值可能难以估量，但旅游价值、休闲价值已经不高。如何选择合适的保护与开发模式，既需要因地制宜，更需要管理者的智慧。

第二节　文化遗址保护与城市建设规划发展相得益彰

在经济发展日渐深入和多元化的今天，越来越多的城市将自身发展建设定位从以往的过多注重经济效益向文化城市、生态城市、宜居城市建设方向转变。重新定位城市建设发展方向，全力打造新型城市名片。这其中很多城市都拥有着深厚的历史文化底蕴，如何解决文化遗址与城市发展的矛盾，确切来说如何让文化遗址更好地助力新型城市建设，已逐渐成为新形势下值得深入探讨的问题。文化遗址公园的建设，便是探索实践这一问题的一种尝试，在保护文化遗址的同时，提升城市品位，发掘旅游资源，为城市建设的多元化范畴抛出了新命题。

一、当前城市建设中普遍存在的问题

近年来，我国城市建设发展迅猛，以功能城市理念为核心的建设方式使得城市的物质建设不断更新，然而许多城市在过于注重功能性和物质性建设的同时，忽略了城市文化建设，普遍存在以下问题：

一是文化空间遭遇破坏。一些城市打着"旧城改造"、"危旧房改造"的名义，对城市中留存的古旧建筑和文化遗址不予评估论证，一味作为旧城或旧房来进行统一改造，往往采取大拆大建的开发方式，致使很多历史文化建筑街区被夷为平地；一些非常具有传统地域特色的民居被无情摧毁。这样的城市建设直接无视对文化遗产的保护，最终致使一些历史性城市文化空间遭到惨烈的破坏。

二是城市建设缺乏创新。很多后来建设改造的城市缺乏长远和创新的规范，一味抄袭模仿其他城市建设样貌，拔地而起的是一片片毫无特色的高楼大厦，致使具有当地特色的城市面貌和城市风格消失殆尽，结果反而让城市景观变得低俗和单调。

三是城市环境逐渐恶化。因城市土地资源的紧张，导致城市土地被过度利用。日渐变窄的街道，日趋增多的车辆给城市带来了交通拥堵，空气污染，商业领域的无限扩展致使绿地面积越来越少，群众的活动空间越来越小，噪音扰民、光线污染等给城市居民的日常生活带来困扰。

二、遗址保护与城市建设规划之间的矛盾如何处理

如上所说，现代城市建设过程中不可避免地对文化遗址保护造成了正面冲击。如何有效解决文化遗址保护与城市建设规划的矛盾，遗址公园的建设给出了一个可行的答案。

2000年国家文物局批复的《圆明园遗址公园规划》正式将遗址公园这一概念写入我国文化遗址保护领域。在城市内建设遗址公园，便很好地化解了文化遗址保护与城市建设规划之间的矛盾，将对遗址的保护科学合理地融入城市建设之中，既能防止城市建设对文化遗址的破坏，又让文化遗址的开发融入而提升城市建设发展的空间与品位。

遗址公园建设是适应城市发展的必然选择。随着城市进程的不断加快，城市框架的不断拓展，城市土地资源越发显得紧张，其价值也相应快速飙升。而为了保护文化遗址，其附近范围内较大面积的土地不能作为商用开发，这就使文化遗址的保护与当地经济发展产生了矛盾和冲突。遗址公园的建设在一定程度上解决了这一问题。

遗址公园可以带动本地经济发展。就我国濮阳来讲，这座城市文化底蕴厚重。濮阳是国家历史文化名城，1987年出土的距今6400多年的蚌塑龙形图案，被誉为"中华第一龙"，中华炎黄文化研究会据此命名濮阳为"华夏龙都"。有国家级文物保护单位5处，省级文物保护单位25处。濮阳戚城公园的建设很好地保留并发扬了濮阳的历史文化，并为濮阳的旅游业做出了积极贡献。

遗址公园可以提升城市居民生活质量。遗址公园作为公园的层面，为城市居民提供了休闲娱乐的公共绿地和领略传承本地历史文化的公共学堂。游客在游览遗址公园的过程中，可以切身体会直观感受遗址所承载的历史文化、历史背景，从而在休闲娱乐中受到文化熏陶。

三、对城市建设中遗址公园建设的几点建议

一要科学合理规划。对遗址公园的规划应着重考虑两方面的内容：一是充分开展实地调研论证。要以对遗址的有效保护为前提，按照法律法规，组织相关部门对遗址现状进行充分调研论证，认真探索文化遗址保护与旅游资源开发相结合的建设模式，制订科学合理的遗址保护规划。二是充分考虑城市整体建设规划。要将遗址公园的规划建设与城市整体建设相适应，使其成为城市整体规划建设中的重要组成部分，更好地服务城市建设，要锦上添花，而不能割裂开来。同时要同步规划建设遗址周边的道路交通、餐饮娱乐等配套建设，使文化遗址公园为城市建设带来最大的附加值，尽可能的发挥遗址公园的经济拉动作用。

二要充分体现遗址的多重功能。建设遗址公园的一项重要使命就是让这些历史文化得以更广泛更深入地发扬与传承，让文化遗产走进群众生活。遗址公园除了展示历史文化的功能之外，还承担着遗址保护和学术研究职能，展示传承、科学保护和学术研究三方面要兼顾发展，这是遗址公园必须具备的功能。

三要做到以人为本。说到底，建设遗址公园的最终目的是造福于民，重点体现在两个方面：一是服务好游客。规划建设遗址公园时，要充分考虑游客的需求和感受，尽量为游客提供最便利和最有效的服务，同时还要考虑游客在参观过程中可能出现的各种问题并提前做出应对方案。二要服务好周边居民。由于遗址公园周边所占土地较大，且来往游客较

多,对周边居民的生活和出行带来较多的不便,因此在规划建设遗址公园时要尽可能考虑周边居民的生产生活,为其提供就业和创业空间,使其能够从中受益,对保护文化遗址起到积极作用。

遗址公园建设是当前有效化解文化遗址保护与城市建设规划之间矛盾的措施,既能优化和整合土地资源,带来经济效益,改善城市环境,又能丰富城市文化,提升城市品位。只有把文化遗址保护与城市建设规划、改善居民生活环境紧密结合,方能使文化遗产走进群众生活,赋予城市文化的内核,最终让城市成为承载历史文化的最好家园。

第三节 城市建设与遗址保护和谐关系下的城市规划

城市的今天是长期历史沉积形成的,是一个传承变迁乃至创造的过程。城市现状只是漫长历史的一个片段,所以现代城市的发展不可能完全打破或推倒原有固化的遗址遗迹及其环境风貌所蕴含的地域文化,这已经被越来越多的实例所证明。

一、城市发展与遗址保护的关系

遗址是指从历史、审美、人种学或人类学角度看具有突出的普遍价值的人类工程或自然与人联合工程以及考古地址等地方。遗址是人类活动的遗迹,是由历史原因形成并遗留至今的古代的、民族的东西,也是包括我国在内的各国文物保护法律所保护的对象。按照现代城市建设的要求,城市规化区范围内的遗址等历史古迹与现代城市的高楼大厦可能会格格不入,因而进行城市现代化建设就不可避免地会对遗址及遗址赖以存在的历史、人文环境产生负面影响。

城市的今天是长期历史沉积形成的,是一个传承变迁乃至创造的过程。城市现状只是漫长历史的一个片段,所以现代城市的发展不可能完全打破或推倒原有固化的遗址遗迹及其环境风貌所蕴含的地域文化,这已经被越来越多的实例所证明。如意大利的米兰、法国的巴黎等都是如此,它们都在城市现代化的过程中,充分将现代文明与古代文明相结合,最终使其成为世界典范,为城市再发展带来新的契机。

城市发展所代表的现代文明与遗址等所表达的历史文明都是城市文化不可或缺的部分,将其共同融入城市发展需借助于事前的统筹安排、事中的修正执行、事后的保护控制等措施。制定并实施城市规划就能够很好的满足这一要求,即就是对城市的空间和实体发展进行的预先考虑。

二、城市规划的功能

城市规划的功能表现为通过制定、实施一定的计划对未来的城市发展所具有的作用和有利效用。城市规划在现代社会首先体现为一种公共政策，因而它自然具有公共政策的导向、调节和分配等基本功能。导向功能表现为规划人们的行动确定一个方向或明确目标，并将整个社会生活中复杂、多面、相互冲突、漫无目标的行为秩序化，有效地纳入到统一目标上来。调节功能是对于社会公共事务所出现的各种利益矛盾进行调节和控制，其核心一是利益关系，二是调控方式。分配功能指对社会公共利益进行分配，这是公共政策的本质特征之一，是公共政策对抗市场理性的最主要手段和途径。

城市规划上述功能的发挥，需遵守一定的原则，主要指从城市原有的发展基础这一实际出发，科学预测城市远景发展；要正确处理好城市局部建设和整体发展的辩证关系；保护生态环境和历史文化遗产，防止污染和其他公害；将城市防灾减灾安全纳入规划体系等方面。而这些原则均需借助于具体规划手段或方式来实现，如采用城市总体规划和城市局部规划相结合；随着城市的不断发展进行阶段性规划；也可在规划内容上将物质环境规划、经济规划和社会规划均纳入进来等，实现城市发展的总目标。

三、寻找城市发展与遗址保护相和谐的城市规划

我国《城乡规划法》第十四条"城市人民政府组织编制城市总体规划。"的规定表明，城市总体规划的主体是城市的人民政府。作为城市管理者，城市人民政府在找寻城市发展与遗址保护相和谐的城市规划模式中，可在以下方面做出尝试：

首先，要有符合实际并适当的城市发展定位，注重城市的文化规划，使现代城市定位由功能型走向文化型。

城市定位是城市人民政府编制城市规划的基本出发点和落脚点，也是城市总体规划编制的核心所在。城市定位应当是凸显城市特色和城市文化的全方位的，并且不断调整的城市发展认知基础。城市人民的需求具有多样性，包括物质和精神等方面在内，这些不同的需求如何联系在一起则要借助于城市的规划手段，使文化成为联系民众的纽带，使民众的文化需求和发展要求在未来得到有效地满足。

其次，城市规划对于城市遗址遗迹等文化遗产的保护应当奉行有机更新原则，积极保护、整体保护、创造性保护。

在城市规划中，城市管理者应当摒弃过去"以旧城为中心发展"的思路，代之以"发展新区、保护旧城"的思路，即在旧城区停止新建乃至改建扩建项目的审批，保留旧城区的基本风貌和历史遗址遗迹的现状，转而发展城市新区，并由新区承担城市的基本功能，缓解旧城区的人口、环境等方面的压力。同时，在保护历史文化遗产的基本前提下，从历

史文化遗产区和新城区找寻城市经济发展的动力和支撑。

对于城市历史遗址遗迹等文化遗产的积极保护与原来的消极保护相对，即就是对遗址的保护不能仅停留在对遗址文物的被动看护、储存和历史价值等技术性问题的研究方面，还应该注意到该遗址文物的现实经济价值和文化价值，积极地开发、推广并发展。按照对积极保护的理解，城市规划中应当在保障遗址文物基本安全的前提下，通过一定的文化产业发展定位和规划（如产业所在、产业经营模式、产业发展范围等）来发展遗址的文化功能，从而体现出其在现代社会应具有的文化、经济乃至社会价值，以此来实现遗址文物的创造性保护。

城市规划对于遗址遗迹要奉行整体保护原则，应与过去仅就遗址本体进行保护相区别。在城市规划过程中，要综合考虑遗址区域特殊的社会、经济、历史、自然等条件，确保遗址与周边区域作为一个和谐的整体。整体保护规划必须基于对遗址区域的深入研究方可进行，准确界定其历史文化背景及其沿革，挖掘其文化价值，并对遗址区域周边的自然环境和人文环境进行准确评估，合理确定该区域发展的基本规模，最后根据遗址区域的上述状况编制多层次的保护发展规划。

最后，要通过立法保障城市规划的稳定性和权威性。

城市规划是城市人民政府按照法定程序编制的关于城市未来发展的基本蓝图，一旦编制完成就应当具有相应的法律效力，任何组织和个人非经法定程序不得对城市规划进行变更。目前，针对遗址保护规划往往过多依赖"人治"的状况，有权机关有必要通过地方立法的形式确立城市规划的权威性，对于违反相关法律法规的行为坚决实施抵制乃至打击和制裁，保障城市规划的正常实施，实现规划在城市发展与遗址保护相协调方面的积极功能。

第四节　侯马市晋国遗址保护与城市建设协调发展

大遗址是指遗址范围较大、出土文物建筑较多、遗址价值较高的古代文化遗址。它包括古墓葬、古都城、宫殿庙宇等各种古代历史文化遗址。大遗址有着极高的学术研究价值和社会价值。目前，我国文化遗产保护工作虽取得了阶段性的进展，但随着现代化城市的不断发展，城市建设与遗址保护间的矛盾日益凸显，大遗址保护面临着前所未有的挑战。如何平衡遗址保护与城市建设之间的博弈，如何使遗址保护和城市建设之间相互促进，值得我们积极探索。文章以侯马晋国遗址为例进行深入研究，通过分析侯马晋国遗址的保护和侯马市城市建设的关系，来探寻两者协调发展的办法，使得遗址的保护能够促进城市的发展，城市的发展也能够给遗址带来一定的积极影响，从而推动两者的相互促进的良性的、可持续的发展。

一、晋国遗址价值及现状

（一）晋国遗址简介

侯马晋国遗址位于山西省南部的侯马市，在 2000 多年前曾为春秋晚期晋国最后一个都城——新田的所在地。据《左传·成公六年》记载，作为春秋时期霸主之一的晋国，于公元前 585 年，迁都新田，直到晋亡，归于魏国，逐渐废弃。中华人民共和国成立后，我国考古工作人员曾多次试图寻找新田的所在地。直到 1952 年，山西省文物管理协会工作人员在侯马市发现了东周时期的陶片，之后引发了考古工作人员对侯马市的关注，1955 年，山西省文物管理委员会配合即将兴建的侯马市，开始在侯马市范围内进行大规模的考古调查工作。先后发现了周代墓葬遗址、铸铜遗址、古城遗址等众多文化遗存以及历史文物。1961 年，国家发布第一批重点文物保护单位，侯马晋国遗址就位于其中。到 1965 年发现侯马盟誓遗址以及《侯马盟书》，帮助考古界正式确认了侯马市大遗址为晋都新田遗址。经过考古界多年的发掘工作，目前侯马晋城遗址重点保护区及一般保护区面积已达 29.648 km^2，建设控制地带面积 96.59 km^2，约占侯马市面积的二分之一（数据来源《山西侯马晋国遗址保护规划》），其中出土文物多达 9 万件（数据来源《山西侯马晋国遗址保护规划》）。这一遗址的发现对整个考古界来说是弥足珍贵的，对研究春秋时期历史，尤其是晋国时期历史有着重大的意义。

（二）晋城大遗址保护现状

自 1954 年调查发现遗址，经过 60 多年的考古工作，截至 2022 年，发现侯马晋国遗址总面积为 45 万 km^2。分布面积十分广泛，涉及侯马市多个乡镇，并且遗址多在地下。目前已发现有：古城址、宫殿台基、宗庙建筑群、手工作坊、祭祀坑带、墓葬群等晋国遗迹遗存 40 余处。

鉴于侯马晋国遗址体量庞大、种类繁多的情况，对遗址的保护应区别对待，保护措施如下。

（1）埋藏于地表之下、尚未进行建设行为的，尽量维持地形地貌，不再进行任何建设行为，且对农耕活动进行引导，并进行生态保护。远期搬迁牛村和下平望村，不再允许新增村庄。

（2）对于裸露于地表之上的古城遗址、宫殿台基等，应清理、加固，核心保护区进行征地，统一规划保护。

（3）对已发掘清理的遗址，以文物保护为前提，做好规划建设方案，分批次建成遗址公园，进行展示开发，促进地方文化、经济发展。

（4）新建城区远离遗址密集区域发展。针对侯马市晋国遗址的发掘现状，需要采用以下两种方式进行保护与建设工作：

①保护策略，在现存遗址上，无人为损坏活动的采取保护措施；而对有损遗址的活动，应做出严格的限制。

②建设策略，位于地表之上的遗址，主要进行现状维护以及危害处理，采用专业的考古建设工作。只有通过科学的保护与建设工作，才能对已发掘的遗址及其文物进行展览等工作。

二、大遗址保护与城市建设的关系

首先，晋国遗址的保护工作限制了侯马市的城市建设与扩张。这些遗址的挖掘工作长期影响到周边村民的生活，使周边区域的社会经济发展水平受到限制，大遗址区域与周边的经济和发展存在明显差距，所以遗址和周边村庄一直以来都存在一定的矛盾。其次，侯马市的城镇化建设影响到晋国遗址的保护工作。晋国遗址区域居民的日常生活、生产活动对遗址一直构成潜在威胁，而侯马市城市建设和改造如果不考虑到遗址区域的情况，势必会对遗址的保护造成重大影响。

（一）晋国遗址的保护对城市建设的影响

城市化建设的一个重点就是城市基础设施建设。由于晋国遗址区内遗址种类多，数量大，平望、牛村、台神3座古城组成的"品"字形古城，占地总面积约500hm²，保护工作任务量巨大。晋国遗址的保护区出于对遗址保护的考虑限制了道路等基础设施的建设，这不可避免地对遗址区内的群众的生产和生活造成了诸多消极的影响。所以说，遗址的保护对遗址所在地的基础建设上产生了不利影响。但同时，后期对晋国遗址的开发利用会带动大遗址保护区内的基础设施建设，尤其是环境卫生设施的建设和公共绿地的建设，从客观上又会对遗址所在地的基础设施建设产生一定的积极影响。

（二）城市建设的发展对晋国遗址的影响

近40年来，我国的城市化水平不断进步。城市化进程的加快也成为影响侯马晋国大遗址保护的一个重要原因。一方面，这一影响来自城市建设直接对晋国遗址的威胁，不论是所在区域城市建设对于遗址及城址周边的大规模蚕食，还是遗址内的违章企业的威胁；另一方面，由于城市化的快速发展，遗址周边居民对生活水平的要求不断提高，但他们因在遗址区内使发展受到政府限制，与周围其他地区居民产生经济差距，导致他们对政府的保护政策产生抵触，甚至不顾一切地进行建设，所以遗址内的新农村建设、居民住宅建设、小型企业建设很难得到有效控制。

三、大遗址保护与城市建设的协调发展

（一）城市建设应以大遗址保护为前提

城市建设要始终以坚持"保护第一"为首要宗旨，保护遗址遗产在生存过程中所获得的有意义的全部历史、文化、科学和情感信息，确保真实性和原生性；保护其在一定范围的历史环境，不要使其"脱离历史形成的环境而孤立"。

侯马晋国遗址作为全国重点保护的大遗址之一，受到国家文物局、省文物局的高度重视，国家制定保护规划，山西省人民政府在此基础上制订了近期、中期及远期保护措施及方案。切实做到既对文物保护有利，又对经济建设有利。为了严格执行《文物保护法》中对工程项目选址的规定，在为建设工程项目选址时，要求文物部门尽最大努力为建设单位提供优质、快捷的服务；同时要求所有改扩建项目必须经过文物部门审查、勘探等文物工作后方可施工。

侯马市通过对大遗址区内的环境整治，遗址保护区内已经没有对遗址造成破坏的建筑，现有建筑规模也不再增加。同时栽植树木进行景观设计，减少大遗址区内对环境污染，完善了大遗址区旅游服务，增加了讲解服务和特色餐饮服务，优化遗址区历史景观风貌。

（二）大遗址保护促进城市建设

晋国遗址在现代不仅具有历史文化的重要意义，同时可以作为侯马市的历史品牌形象，增加侯马市的城市独特性，丰富侯马市的历史底蕴。所以晋国遗址的保护不仅具有历史意义，也具有极高的现代价值，尤其在现代化飞速发展，城市不断建设与扩张的今天，晋国遗址还可以增加侯马市的城市空间，扩大侯马市的城市范围。晋国遗址保护区既可增加观赏性，能为市民提供一处具有浓厚文化氛围的休闲、娱乐、健身的场地，也可为侯马市的旅游产业的发展提供助力，实现社会效益和经济效益的双赢。

晋国遗址的核心文化信息已经成为了侯马市城市建设的名片，在晋国遗址的保护规划中，对遗址保护区外的城市用地可以减少，主要在城中村改造、城市道路命名以及绿化区等方面进行建设。而在晋国遗址保护区内的城市建设则是重点工程，对于侯马市的城市价值具有重大现实意义。

（三）大遗址保护与城市建设协调发展

大遗址的保护与开发需要投入大量的人力物力，如果没有其他的方式获取资金，单纯地投入对于地方政府来说难以支持。所以大遗址所在地的地方政府往往注重经济发展，忽视对大遗址的保护，甚至没有采取相应保护措施。因此在大遗址的保护与所在地的城市建设之间常常发生冲突，甚至在城市建设中出现损坏文物建筑，占用文物保护地等现象。特别是像侯马晋国这样的遗址保护面积大，且部分和城市重叠，个别村庄坐落在古城遗址内，

造成遗址保护区范围内有大量居民生产生活的产物。加上侯马晋国遗址保护主要依靠财政拨款，保护经费严重不足，可用财力十分有限，规划资金十分匮乏……这些都使得晋国遗址保护和侯马市建设陷入"你死我活"的恶性循环。

单纯的限制或禁止晋国遗址周边的城市建设和扩展，对于侯马市的城市发展与晋国遗址保护都是不利的。必须从侯马市的整体规划建设上考虑晋国遗址的重要性，把晋国遗址纳入未来发展规划中，协调晋国遗址与侯马市的关系，遗址才能产生"保护—利用—发展—保护"的良性循环，侯马市才能获得良好的发展。

我国文化遗址众多，分部广泛。遗址保护与城市建设之间的博弈不仅是侯马市当前亟待解决的问题，也是我国众多城市需要面对的现实。晋国遗址保护与侯马市城市建设并不是"势不两立"，他们之间在不断地相互影响、相互促进。侯马市建设只要坚持以晋国遗址保护为前提，通过遗址保护来促进城市建设，便可实现两者相互促进、协调发展。本文期望通过分析侯马市在大遗址保护与城市发展中的协调策略，为我国其他城市提供参考借鉴，以促进我国遗址保护与城市发展。

参考文献

[1] 刘博，徐璐瑶，孙梦雪，吴文涛，张廷甫.生态城市规划设计探析[J].城市住宅，2020，27（12）：128-129.

[2] 蔡中豪.城市规划设计中生态城市规划的研究[J].我国建筑金属结构，2020（12）：100-101.

[3] 黄雅玲.城市规划建设精细化管理的方法研究[J].福建建筑，2020（12）：17-19.

[4] 尹佳佳.信息时代下的城市规划设计[J].我国住宅设施，2020（11）：52-53.

[5] 李甜甜.城市规划设计与建筑设计的关系解析[J].住宅与房地产，2020（33）：63+67.

[6] 曾申菊.城市建设中规划与设计的重要性实践[J].智能城市，2020，6（19）：126-127.

[7] 陈之文.建筑设计和城市规划设计的关联性探究[J].城市建筑，2020，17（27）：39-40.

[8] 陈柯帆.城市规划设计中生态城市规划研究[J].工程技术研究，2020，5（17）：199-200.

[9] 林建铭.浅析建筑设计在城市规划建设中的重要性[J].江西建材，2020（08）：202+204.

[10] 杨智刚，周岳林.建筑设计和城市规划关系探讨[J].居舍，2020（22）：107-108.

[11] 汪春燕.在城市规划体系中体现智慧城市建设需求[J].科学技术创新，2020（19）：120-121.

[12] 李国进.园林景观设计与城市规划探索[J].智能城市，2020，6（12）：151-152.

[13] 沈磊，黄晶涛，刘景樑，朱雪梅，王绍妍，刘薇，李威，朱铁麟，赵春水，杨夫军，侯勇军，马松，谢水木，张玮，马尚敏.城市设计整体性管理实施方法构建与实践应用[J].建设科技，2020（10）：31-33.

[14] 李硕.建筑规划设计在城市规划中的重要性思考[J].建材与装饰，2020（14）：135-136.

[15] 徐淳.城市规划设计各阶段土方控制方法探讨[J].江苏城市规划，2020（05）：44-46.

[16] 肖飞. 初探城市规划建设中园林景观设计风格及其意境 [J]. 河南建材, 2020 (03): 143-144.

[17] 辛贵哲, 李佃亮, 李娜. 信息时代下的城市规划设计分析 [J]. 住宅与房地产, 2020 (06): 95.

[18] 赵云铎. 智慧城市下现代城市规划设计发展方向 [J]. 建筑技术开发, 2020, 47 (02): 74-75.

[19] 周彦峰. 建筑设计在城市规划设计中的重要性分析 [J]. 城市建设理论研究（电子版), 2020 (03): 8+5.

[20] 李利炯. 建筑设计在城市规划建设中的重要性研究 [J]. 现代物业（中旬刊), 2020 (01): 178.

[21] 杨向虎. 城市建设中生态城市规划设计要点 [J]. 现代物业（中旬刊), 2020 (01): 189.

[22] 杨保军, 郑德高, 汪科, 李浩. 城市规划70年的回顾与展望 [J]. 城市规划, 2020, 44 (01): 14-23.

[23] 任致远. 关于城市规划发展成就的回想 [J]. 城市发展研究, 2019, 26 (12): 1-8.

[24] 李晓燕. 建筑设计在城市规划设计中的重要性 [J]. 门窗, 2019 (23): 130+133.

[25] 王丽辉. 试论房屋建筑规划方案设计 [J]. 科技经济导刊, 2019, 27 (35): 78.

[26] 陈柳月. 建筑规划设计在城市规划中的重要性思考 [J]. 现代物业（中旬刊), 2019 (12): 147.

[27] 王丽辉. 论建筑规划设计在城市建设中的重要作用 [J]. 中外企业家, 2019 (36): 217.

[28] 周妩怡. 城市建设艺术与城市规划设计初探 [J]. 当代旅游, 2019 (12): 35.

[29] 李甜. 浅析城市规划信息化助力智慧城市建设 [J]. 数字通信世界, 2019 (12): 135.

[30] 许丽娟. 新形势下的建筑设计与城市规划 [J]. 智能城市, 2019, 5 (22): 26-27.

[31] 吕旸. 现代城市建设中的园林景观设计研究 [J]. 建材与装饰, 2019 (31): 109-110.

[32] 段金焕. 建筑规划设计在城市规划中的重要性思考 [J]. 居舍, 2019 (30): 90+83.

[33] 刘闯. 谈城市规划设计方法在建设城市特色中的重要作用 [J]. 工程建设与设计, 2019 (19): 127-129.

[34] 崔倩. 论在城市规划设计中生态城市规划设计策略 [J]. 艺术品鉴, 2019 (27): 284-285.

[35] 高晨. 建筑规划设计在城市规划建设中的重要性 [J]. 四川建材, 2019, 45 (09): 61-62.

[36] 张静. 城市设计与建筑设计的关系分析[J]. 中华建设, 2019（06）: 74-75.

[37] 刘俊杰. 关于城市建设中生态城市规划设计的思路构建[J]. 智能城市, 2019, 5(07): 72-73.

[38] 肖亮. 建筑规划设计在城市规划建设中的重要性[J]. 工程与建设, 2019, 33（01）: 27-28+47.

[39] 胡碧波. 城市规划中生态城市规划建设设计探讨[J]. 住宅与房地产, 2019（03）: 66+100.

[40] 潘立爽. 关于城市规划设计中生态城市规划的探讨[J]. 智库时代, 2019（03）: 12-13.